夢知道你沒說出口的情緒

從夢境解讀心事、壓力與潛意識的私密訊息

許庭恩——著

夢境並非幻想，
而是大腦在無意識中重演真實的你
每個未解的情緒，終將以心理劇場的方式現形

目錄

第一章 為什麼我們會做夢？——打開夜晚的潛意識大門　005

第二章 夢裡總在逃什麼？——焦慮與壓力的夢境暗示　053

第三章 夢中的「那個人」為什麼又出現了？　113

第四章 迷途心像：從夢境空間探索內在地圖　149

第五章 夢的語言：潛意識如何用影像說話　189

第六章 夢是情緒的映像：當潛意識幫你排情緒　229

第七章 清醒夢入門：學會在夢中覺醒與掌控　271

目錄

第八章　夢會預言未來嗎？——迷信與心理的界線　313

第九章　夢的鏡子：從夢境看見真正的自己　361

結語　當我們開始讀夢，就開始認識自己　397

■ 第一節　夢是怎麼發生的？大腦在夜裡的祕密

第一節　夢是怎麼發生的？大腦在夜裡的祕密

每天晚上當你閉上眼睛入睡，大腦並沒有「關機」，反而進入另一種繁忙狀態。這時的你，可能以為自己安靜地進入沉眠，事實上，大腦內部像舞臺一樣熱鬧。它會經歷幾個重複循環的睡眠階段，從淺層睡眠進入深層睡眠，再到快速動眼期睡眠，也就是俗稱的「做夢時間」。

快速動眼期（英文縮寫為 REM sleep）是做夢最頻繁、最清晰的階段。這時候，雖然我們的身體肌肉會暫時失去控制力，進入一種幾乎癱瘓的狀態，但我們的腦部卻異常活躍，特別是在負責影像、情緒和記憶的區域，就像正在拍一場超現實的電影一樣。

根據研究，成年人每晚會經歷四到六個 REM 睡眠階段，間隔大約九十到一百二十分鐘。這也代表，我們一晚通常會做四到六個夢，有些夢很短，可能只有幾秒，有些夢則長達分鐘以上，尤其是清晨即將醒來前的那幾段。

那麼，夢是怎麼發生的？簡單說，夢的產生來自大腦在休息過程中的「資料處理」。就像電腦要關機前會整理暫存檔、清理記憶體，我們的大腦也會在夜間「整理情緒、歸檔記憶、測試想法」。這些過程很難靠理性邏輯呈現，因此它們以象徵、畫面、劇情、感覺的方式出現——這就是我們的夢。

第一章　為什麼我們會做夢？—打開夜晚的潛意識大門

■ 記不住夢，是不是代表你沒做夢？

不一定。事實上，幾乎每個人每天晚上都會做夢，只是我們醒來時不見得記得。會不會記得夢，與醒來的方式與時間點有很大關聯。如果你是在REM階段醒來，尤其是剛好從夢中被吵醒或自然而然地醒來，那麼你記得夢的機率會大幅提升。

也有人天生記憶夢境的能力比較強。這些人通常比較容易感受自己內心的情緒，或平常就有書寫、繪畫、冥想等習慣。他們的潛意識與意識之間的連結比較「鬆動」，更容易把夢的內容帶到清醒狀態。

但如果你總是不記得夢，也不需要擔心。記不記得夢，不代表你有沒有夢。做夢是人類睡眠機制的一部分，只要你的睡眠週期健康，就一定會做夢。

■ 夢是大腦的亂象還是有意義的運作？

許多人以為夢是「沒意義的幻想」，甚至覺得它只是大腦夜間亂放電的副產品。然而，科學與心理學的研究發現，夢的背後，其實暗藏了大腦試圖處理現實壓力、整合記憶，甚至創造靈感的運作。

比如有一項經典實驗發現：人在學習新技能（像是彈鋼琴或學游泳）後，如果當晚有做夢，那麼第二天的表現會比沒做夢的人更好。這代表夢能強化記憶，幫助大腦建立新的連結。又比如，有些作家或科學家會在夢中獲得靈感⋯

008

■ 第一節　夢是怎麼發生的？大腦在夜裡的祕密

◆ 德國化學家凱庫勒（Kekulé）在夢中看見蛇咬尾的影像，從而領悟出苯的分子結構。

◆ 披頭四的保羅・麥卡尼說過，他在夢中聽見旋律，醒來後立刻寫下了後來的名曲〈*Yesterday*〉。

這些例子顯示，夢不只是亂想，它其實是一種「潛意識的創造實驗室」，我們白天壓抑或尚未處理的想法，會在夢中找出口。

■ 大腦哪裡在「做夢」？

現代腦科學指出，做夢時有三個主要區域會特別活躍：

◆ 視覺皮質區：位於腦後方，是讓你在夢裡「看見」影像的區域。你夢見山、海、飛翔、迷宮、怪物，其實都來自這裡。

◆ 杏仁核（情緒中心）：控制恐懼、快樂、悲傷等情緒反應。這解釋了為什麼夢常常帶有強烈情色彩，尤其是驚恐或感動的時候。

◆ 海馬迴與前額葉皮質：負責記憶與邏輯，但在做夢時，這些區域的活動會比較不穩定，這也是夢境中場景常常變來變去、不太合邏輯的原因之一。

也就是說，做夢的時候，我們大腦中關於感覺與情緒的部分很活躍，但關於理性與判斷的部分則比較模糊。這讓夢呈現出「感覺強、邏輯弱」的特色。

第一章　為什麼我們會做夢？──打開夜晚的潛意識大門

為什麼夢境這麼奇怪？

你有沒有這樣的經驗：夢裡明明在教室，下一秒卻出現在老家；這個人明明是朋友，但卻變成了某個演員的臉；一段話講到一半，突然畫面轉換到完全不相干的場景？這就是夢的獨特邏輯：它不照現實走，也不受時間與空間的限制。

這種跳接性，其實反映了大腦在做夢時不受現實規則拘束，讓潛意識更自由地「拼貼」各種記憶與情緒碎片。從這角度來看，夢就像是一場由你主導、卻無法預測劇情的電影。你是演員、導演、觀眾，也是劇本的編寫者。

夢是心的語言，值得我們傾聽

每一場夢，無論是輕柔的、激烈的、詭異的、難忘的，其實都在述說我們內在正在發生的故事。

夢並不遙遠，也不是什麼神祕學問，而是我們每個人都擁有、每晚都經歷的一場心理活動。

當你了解夢是怎麼來的，你會發現，夢從來不只是「睡覺時發生的事」，而是一面鏡子，映照出你白天看不見的自己。從今晚起，試著睡前提醒自己：「我願意記得夢」，醒來後記下任何一點片段。你會發現，夢開始慢慢說話，而你也開始慢慢聽懂。

010

第二節　惡夢、怪夢、甜夢：夢的種類一次搞懂

每個人對夢的印象可能都不一樣。有人覺得夢是可怕的，充滿追趕、死亡、跌落；也有人說夢很神奇，能飛、能變身、能回到過去；還有些人說夢像一部電影，有劇情、有場景甚至有配樂。這些夢雖然都發生在睡夢之中，但內容卻千變萬化。它們從哪裡來？它們是怎麼形成的？有沒有什麼分類方式，可以幫助我們理解夢的樣貌？這一節，我們將用最簡單的方法，帶你一次搞懂夢的主要類型：惡夢、怪夢、甜夢，還有幾種你可能經歷過卻沒注意到的特別夢境。

■ 惡夢：情緒壓力的警報器

惡夢是最常被記住的夢。它們通常包含強烈的恐懼、焦慮、緊張、逃避等情緒，醒來後會讓人心跳加速、冒冷汗，甚至不敢睡回籠覺。

常見的惡夢情節包括：

- ◆ 被追趕（但跑不動）
- ◆ 從高處墜落
- ◆ 親人受傷或死亡

第一章　為什麼我們會做夢？—打開夜晚的潛意識大門

◆ 被困住或無法呼吸

◆ 突然失去控制（例如駕駛失靈、語言無法發出）

惡夢通常出現在壓力大、情緒受困、身體不適或創傷回憶被喚起的時候。從心理角度來說，惡夢是潛意識的「警報機制」，它用強烈的感官與情節把你的壓力投射出來，讓你知道：有什麼事情還沒處理、有什麼感覺被壓抑太久。

■ 怪夢：邏輯斷裂的象徵迷宮

怪夢不一定讓人害怕，但常常讓人「搞不懂」。例如：

◆ 同一個人變了三種臉

◆ 場景突然從廚房跳到火星

◆ 一句話說到一半就換語言

◆ 你變成一顆蛋，正在跟時鐘講話

這種夢常出現在創造力活躍、思緒紛亂或潛意識強烈運作的時候。它的特色是邏輯斷裂、場景拼貼、角色錯置，但也最具有「象徵性」。

012

■ 第二節　惡夢、怪夢、甜夢：夢的種類一次搞懂

■ 甜夢：內在滿足的情感回音

甜夢是讓人醒來後感覺溫暖、平靜或快樂的夢。這些夢可能沒有劇烈情節，也不一定有明確對話，但整體氛圍讓你感到被愛、被肯定、被理解。

常見的甜夢內容包括：

- ◆ 跟喜歡的人一起出遊
- ◆ 回到童年安全的空間
- ◆ 被擁抱、被誇獎、被理解
- ◆ 寵物復活、與逝者再見

甜夢有時也代表內在狀態的和諧，或是一種「情緒補償」作用。當你在現實中感到匱乏、孤單、疲憊，潛意識會用甜夢來幫你「補充心理能量」，這是夢的一種修復功能。

你無法用現實經驗解釋怪夢，但如果你能靜下來分析，它可能在告訴你：你最近的想法太多、某些情緒沒有方向、你正在面對不確定的選擇或轉變。

013

第一章　為什麼我們會做夢？—打開夜晚的潛意識大門

■ 清醒的夢⋯你知道自己正在做夢

這是一種很特別的夢，當你在夢中突然意識到：「啊，這是在做夢」，你就進入了清醒夢狀態。

清醒夢的特色是：

◆ 你可以在夢中做決定
◆ 你知道這不是真實世界
◆ 有些人甚至能控制場景與角色

這種夢不常發生，但可以透過訓練增加機率。清醒夢被認為有助於創造力發展、自我探索，甚至用來緩解惡夢困擾。

■ 重複的夢⋯一樣的情節不斷上演

你是否曾經一段時間內，不斷夢見類似場景或劇情？像是一直趕不上火車、總是在考試卻沒帶筆、永遠找不到廁所⋯⋯這些叫做「夢境重複」。

夢境重複代表某個問題或情緒尚未被處理。潛意識會透過這樣的「重播」機制提醒你⋯某件事還沒解決。直到你在現實中正視這個議題，夢才會停止反覆。

第二節　惡夢、怪夢、甜夢：夢的種類一次搞懂

反轉的夢：劇情與情緒出乎意料

有些夢看起來像是惡夢，但最後卻變成甜夢；有些夢看起來溫馨，卻突然轉變成恐怖。這種夢反映的是「情緒轉換」的內在歷程。

舉例來說：你夢見自己被困在黑暗中，但最後出現一道光；你夢見在婚禮上笑得很開心，突然聽見槍聲——這些劇情轉折往往揭示了你的心理狀態正處於「矛盾」、「過渡」或「掙扎」中。

預示的夢：感覺像預告現實的夢

這類夢會讓人產生似曾相識的感覺。有些人夢見某個對話或事件，幾天後竟然真的發生類似情節。

科學上目前並未證實「夢預知未來」的能力，但許多研究者認為，預示夢可能是大腦在整合微小訊號、潛在直覺與經驗後產生的「模擬預演」。你可能早就感覺某件事會發生，只是白天沒察覺，而夢把它展現出來了。

反應的夢：身體狀況影響夢內容

你是否夢見口渴，醒來發現真的沒喝水？夢見廁所，結果是真的很想上廁所？這種「生理需求介入夢境」的現象，稱為反應夢。

第一章　為什麼我們會做夢？—打開夜晚的潛意識大門

身體的不適，如胃痛、發燒、呼吸不順，都可能變成夢中的象徵畫面。例如…

◆ 胃痛→夢見肚子被打或吃到壞東西

◆ 呼吸困難→夢見被壓住、溺水

這類夢不具心理象徵意義，但提醒我們關心身體狀況。

■ 文化的夢：受外在環境影響的集體夢境

社會事件、新聞焦點、電影、遊戲都會進入夢境。有一段時間流感爆發，就有人夢見自己被隔離；電影上映後，夢裡出現主角與劇情——這些叫做文化夢，是集體潛意識的反映。

夢不是完全獨立於現實，它會吸收文化素材作為夢的「原料」，然後加入個人情緒、經驗，變成獨特的故事。

■ 夢的分類不是絕對，而是線索

以上所列的夢境類型，不是彼此獨立或唯一的。有時一個夢可能同時包含「怪夢」、「惡夢」與「反應的夢」相關元素。分類不是為了限制你對夢的想像，而是幫助你理解它背後可能傳遞的訊息。

016

第三節　日有所思，夜有所夢是真的嗎？

第三節 日有所思，夜有所夢是真的嗎？

「日有所思，夜有所夢」這句話，許多人從小聽到大，但你有沒有想過，這句話到底是不是真的？我們白天想的事，真的會跑進夢裡嗎？還是夢只是大腦的隨機放電，與白天無關？

本節將帶你從心理學、神經科學與日常經驗三個面向，一步步解開這句古老諺語的真相。我們會看到，夢境與白天的心理活動，其實有著意想不到的緊密連結。

■ 白天的思緒如何影響夢境？

根據睡眠研究，當我們進入睡眠的「快速動眼期」（REM）時，大腦會開始整合白天的記憶與情緒，重新整理並分類資訊。這過程不單是「儲存」記憶，更是一種轉換，把感受、畫面與想法變成潛意識劇場的素材。

與其問「我做了什麼類型的夢」，不如問：「這個夢讓我有什麼感覺？它和我最近的生活有什麼呼應？」

夢的形式各種各樣，但它們都是心靈對你說話的方式。只要你願意聽，它永遠有話要說。

第一章　為什麼我們會做夢？—打開夜晚的潛意識大門

舉例來說，假如你今天在捷運上看到一位長得像舊情人的人，當下也許只是掃過一眼，但這個畫面可能會在你睡著後出現在夢中，只是角色換了樣貌，情境也變得奇幻。

研究指出，白天強烈情緒所伴隨的事件（例如爭吵、表白、公開演講）會更容易被「錄製」進夢境中。這就是為什麼我們常會夢見考試、工作壓力、對某人的怨氣或未完成的事情。

■ 日間殘留（Day Residue）是什麼？

心理學家佛洛伊德稱「日間殘留」為夢的原材料之一，意思是我們在夢中看到的東西，常常是白天經歷的「碎片」，這些片段被潛意識拿來拼貼，變成夢境的一部分。

舉個例子：你今天經過一家賣蛋糕的店，看到櫥窗裡的草莓蛋糕很誘人但沒買。晚上夢中，你可能夢見自己在草原上追一顆草莓蛋糕飛來飛去。

這樣的片段，不需要特別重要，也可能是你根本沒有察覺的微小畫面，但在夢裡卻被誇大、改編，像是潛意識在用它的語言告訴你：「你白天的每一瞬間，我都記著。」

■ 白天想得越多，夢裡就越容易出現？

根據加拿大夢境研究學者托爾・尼爾森（Tore Nielsen）的實驗心理學研究，多數人的夢境內容往往與「最近兩到三天內的經歷」密切相關。這類內容被稱為「日殘效應」（day-residue effect），例如當

018

第三節　日有所思，夜有所夢是真的嗎？

事人最近的社交互動、工作壓力、觀影內容、閱讀材料或音樂刺激，都可能在夢中以直接或象徵方式再現。此外，研究也發現，部分夢境可能延後一週才出現與經歷相關的片段，這一現象被稱為「夢境延遲效應」（dream-lag effect）。這些發現支持夢境作為近期生活經驗心理整合過程之一的觀點。不過這不是「你想什麼就會夢什麼」那麼簡單。夢不只是單純「重播」，而是「變形」與「再創造」⋯你白天的想法會被壓縮、扭曲、轉換成象徵性的內容，在夢中重新出現。

例如：你白天擔心開會被問到不會的問題，晚上夢到自己掉進水裡；你對某人很生氣，夢中卻看見他變成一隻凶猛的狼——夢從來不說白話，但它說的是「情緒的語言」。

你越壓抑，夢越會提醒你

心理學上有個現象叫做反彈效應（Rebound effect）⋯你越想壓抑某個念頭，它越會在夢裡冒出來。

如果你白天一直告訴自己「不要想失敗」、「不要想那個人」，你的潛意識卻會偷偷在夢裡把這些內容「釋放」出來。夢是個誠實的地方，它會幫你完成你醒著時不敢面對的情緒與思維。

這也是為什麼很多人在夢中遇到難以啟齒的場景，如裸體走在街上、吵架失控、被排擠等。這些並不代表你有問題，而是代表你有壓力、有擔憂、有未解的情緒等待處理。

019

第一章　為什麼我們會做夢？─打開夜晚的潛意識大門

◆「想要夢到某件事」，有可能嗎？

有些人會說：「我今晚想夢見某個人。」這其實不是沒有可能。當我們帶著強烈的意圖入睡，例如重複想某段記憶、看某張照片、唸著某句話，這些內容就更有機會被帶進夢境。

這也延伸出一種做夢訓練的方法：夢境誘導（dream incubation）。這是指睡前給自己一個暗示或目標，例如：「今晚我要找到心理內在的答案」、「我要夢見解決方法」。

這種方法無法保證成功，但長期練習會提高夢境自我覺察力，也就是「清醒夢」的基礎訓練之一。

◆為什麼有時候完全沒做白天的夢？

也有許多人會問：「可是我明明白天一直在想某件事，為什麼晚上沒夢到？」

這可能是因為：

◆ 大腦將這件事視為「已處理」，不需再重播。
◆ 情緒強度不夠，沒有足夠刺激夢境生成。
◆ 白天接收的資訊太多，夢的素材來源分散。
◆ 睡眠品質差，沒進入深度 REM 階段。

020

第三節　日有所思，夜有所夢是真的嗎？

夢是潛意識運作的產物，不是你能「點菜」的劇場。它根據你整體身心狀態、記憶排列與情緒張力，生成內容。

日有所思，是夢的燃料

綜合以上，我們可以說：「日有所思，夜有所夢」不只是俗語，而是有心理學與神經科學依據的真理。你白天經歷的每一個感覺、每一段思考，潛意識都不會忘，它們會潛藏在角落，等待夜裡被編排成夢的情節。

夢不只是反映現實，更是一種延伸與重組。你越在意某個念頭，它越容易留下夢的痕跡。

讓夢幫你「收尾」白天的未完事項

當你發現自己夢到白天沒完成的事（例如：回未回的訊息、沒處理的情緒），那可能是大腦在幫你進行「未完待續的結論」。這是夢的「回顧功能」，幫助你把散亂的念頭整合起來。

你甚至可以用夢作為「情緒管理的延伸工具」，像是睡前靜心冥想、書寫當日焦點，這些行為會提升你對夢境內容的敏感度，讓夢更能反映你真正的心理狀態。

夢是無聲的日記，白天的投影機

如果你習慣記錄夢，你會發現夢其實就是白天生活的「鏡子」——它放大你的感覺、誇張你的思緒、抽象化你的經歷。夢不只是夜晚的幻想，它是「日常潛意識活動的延伸」。

在夢裡，我們面對那些白天忽略的、壓抑的、未理解的經驗。夢是一種誠實的語言，沒有修飾，沒有社交假面，它替你記下那些你沒說出口的話。

讓夢成為你生活的反思鏡

「日有所思，夜有所夢」是生活的寫照，也是潛意識的規律。夢不是命運的暗示，而是你思想與情緒的回聲。你白天的每一個想法，每一個念頭，都有可能成為夢的種子，在夜裡開出奇特的花朵。

所以，別再輕易說「只是夢一場」。那可能是你自己都還沒意識到的，真正想法的倒影。

■ 第四節　為什麼會夢見小時候的事？記憶與情緒的連動

第四節　為什麼會夢見小時候的事？記憶與情緒的連動

「我昨晚夢見小時候的老家」、「夢裡我回到國小教室」、「竟然夢見已經去世的外公抱著我」……你是否也曾有過這樣的經驗？那些記憶中的人事物，明明已經離我們好久，卻會在某一夜悄悄回來。

為什麼夢境常常出現童年場景？又為什麼那些記憶看似隨機，其實藏著某些情緒線索？這一節，我們將從「記憶如何被儲存」、「情緒如何與記憶連動」、「為何童年經驗會成為夢的素材」等角度，一步步解釋這種現象，幫助你更理解：夢中回到小時候，不是偶然，而是內心在說話。

■ 記憶從不消失，只是暫時沉睡

我們的大腦對於「重要記憶」有一套分類系統。尤其是童年階段發生的事，即使你平常想不起來，它們依然被儲存在長期記憶區的深處。

在睡眠期間，特別是在做夢的快速動眼期，大腦會自動掃描這些深層資料，挑選與當下情緒或經驗有關的片段，重新組合成夢境內容。

舉例來說：

◆ 你今天感到孤單，晚上夢見國小下課時一個人坐在操場邊；

023

第一章　為什麼我們會做夢？—打開夜晚的潛意識大門

◆ 你最近跟家人冷戰，夢裡就出現父母年輕時在吵架的樣子。這些記憶的喚醒，不是因為你主動想起，而是因為它「和現在的你有某種情緒呼應」。

■ 情緒是記憶的召喚鍵

情緒與記憶的關係密不可分。當我們處於強烈情緒狀態（無論是快樂、憤怒、恐懼、悲傷），大腦會自動搜尋過去有類似情緒的場景作為「參照」或「回應」。

因此，當你感到壓力大時，大腦可能會呼喚你童年第一次面對挫折的片段；當你渴望被理解時，夢可能回到曾被老師稱讚、被同學擁抱的時刻。

夢境不是重播記憶，而是用記憶來「訴說情緒」。它從記憶資料庫中撈出與你當下感覺相呼應的素材，來幫助你釐清自己的處境與狀態。

■ 童年記憶的夢，是潛意識的自我修補

童年是人格與價值觀建立的關鍵階段。那時候的經驗，不論好壞，都深植在潛意識中。而夢境時常回到童年，不只是懷舊，而是一種潛意識的「自我修補工程」。

024

第四節　為什麼會夢見小時候的事？記憶與情緒的連動

例如：

◆ 你夢見當年在學校被排擠的場景，但這次夢裡你反擊成功。

◆ 小時候想做的夢想，在夢中再次出現，甚至實現。

這些夢像是在「重寫劇本」，給你一個重新處理童年經驗的空間。潛意識透過夢境，把曾經未解的情緒、未完的心願、未說出口的話，以「第二次機會」的方式呈現給你。

為什麼有時候夢見的童年記憶「不太真實」？

不少人會說：「夢裡的老家跟現實差很多」、「夢見的媽媽長得不太像」、「那件事我根本沒經歷過啊」。這是因為夢並不是在「複製記憶」，而是在「編劇與重組」。

夢境會混合真實記憶、想像、情緒與象徵，把它們編排成一種有意義的劇情。即使某些細節不準確，重點是「情緒是否對得上」。

你夢見一間完全不存在的教室，可能不是要你記住地點，而是喚起那段「我被期待過」、「我感到焦慮」的童年感覺。

第一章　為什麼我們會做夢？──打開夜晚的潛意識大門

■ 夢見小時候的「家」代表什麼？

家是我們對「安全感」、「歸屬感」、「依附關係」最初的體驗來源。夢中出現老家、兒時房間、爺爺奶奶的院子，常常代表我們對「穩定」或「過去某種狀態」的懷念與追尋。

當你在現實中感到不安、不確定，夢會帶你回到最熟悉的地方，幫你找回心理上的「原點」。有時候這不是在逃避，而是在尋求一種心靈歸位。

■ 夢見童年朋友或同學，是什麼意思？

這類夢通常出現在我們正在「比較」、「回顧」、「懷疑人生進度」的時候。例如：

◆ 你在工作遇到瓶頸，夢見小時候的競爭對手；
◆ 你即將成為父母，夢見兒時的玩伴。

夢中的同學、朋友不一定象徵那個人，而可能象徵你某個時期的自己──例如單純、好勝、脆弱、渴望被認同的你。

■ 第四節　為什麼會夢見小時候的事？記憶與情緒的連動

■ 童年創傷是否會常出現在夢中？

答案是：會，而且可能反覆。夢境是創傷記憶的「非語言載體」，也就是說，那些你不願說、不敢想的過去，會以畫面、情境、象徵的方式出現在夢裡。

不一定每次夢見創傷都代表你被困住了，反而可能是心理正在「處理它」。尤其當夢境從一開始的壓迫感，慢慢出現「反擊」、「逃脫」、「解脫」的情節時，這可能是潛意識正在完成某種修復。

■ 夢中的「自己」，為什麼像孩子一樣？

有時候我們會在夢裡感覺自己變小了，說話像小孩、動作像童年、害怕像當年。這不是倒退，而是一種「情緒年齡倒回」現象。

當你面對壓力或挑戰感到無助時，夢會讓你變回那個「曾經不知道該怎麼辦的小孩」，並透過這個形式提醒你：你內在的某一塊仍需要被照顧、被理解、被支持。

■ 夢不是回到過去，而是回到自己

夢見小時候，並不代表你活在過去，也不是你不成熟，而是你「內在深層的某個部分」正在呼喊：記得我嗎？我還在。

027

第一章　為什麼我們會做夢？—打開夜晚的潛意識大門

■ 每一次夢見童年，都是內在的對話

當你夢見小時候，不要急著說那是「沒意義的回憶」，也不要只當成懷舊。那是你的心在對你說話，是情緒與記憶交會時，為你編寫的隱喻劇本。

夢中的童年不是過去的殘影，而是你內在「原初感受」的真實現身。當你願意聆聽這些夢，你會更理解自己現在的情緒、選擇與渴望。

每一次夢見童年，都是一次內在旅程，一次重新對話的機會。

那可能是你失落的童心、你早期的創傷、你曾經想做卻放下的夢想。夢提供你一個空間，去重新看見那些你以為早已遺忘的部分。

第五節　半夢半醒之間：意識模糊區的奧祕

你是否曾經有這種感覺：還沒完全睡著，就像進入了另一個空間，畫面模糊、聲音扭曲、時間感失控？或是剛醒來時，還以為自己身在夢中，現實與夢境混成一片？這種「半夢半醒」的狀態，既熟

028

第五節　半夢半醒之間：意識模糊區的奧祕

悉又神祕，是一種介於清醒與睡眠之間的心理過渡區，被稱為「意識的模糊邊界」。本節將帶你認識這種特殊狀態的本質、它對夢境與大腦的影響，以及它所透露出的潛意識活動特徵。這裡，是夢的門檻，也是意識與潛意識交流的交界處。

什麼是「半夢半醒」的狀態？

所謂「半夢半醒」，大致包含兩種情況：

◇ 入睡前的恍惚狀態（hypnagogic hallucination）：也稱為入睡幻覺期，發生在意識逐漸離開清醒狀態，但尚未完全進入睡眠的瞬間。

◆ 醒來時的殘夢狀態（Hypnopompia）：清醒已經開始，但夢境殘餘仍未完全消散，兩者交疊發生。

這些時刻，我們可能會看到閃動的影像、聽到虛幻的聲音、覺得自己「正在睡著」卻又清楚地知道這不是真實世界。這是意識的「模糊地帶」，既不屬於夢，也不完全是醒。

為什麼我們會有這種狀態？

從腦波角度來看，當人從清醒（β波）過渡到睡眠（θ波與波）時，大腦會經過一段混合頻率的過渡期，這個時段大腦仍有意識活動，但肌肉逐漸放鬆，外界刺激變弱，內在影像開始出現。

第一章 為什麼我們會做夢？—打開夜晚的潛意識大門

也就是說，我們的「夢」不是瞬間產生的，而是逐漸形成的，而在這個過程中，大腦進行了大量的「想像演練」、「影像建構」、「意識斷裂與重接」的工作。

這使得我們在入睡與醒來的邊界時刻，經常感受到「真實與幻想混合」的現象。

這種狀態會產生哪些現象？

半夢半醒的時刻會伴隨幾種特殊體驗，包括：

◆ 突然跌落感：身體像掉進某個洞，接著清醒。
◆ 幻聽幻視：聽見聲音或看到模糊人影。
◆ 思緒重疊：同時有兩三個念頭或畫面並存。
◆ 語言碎裂：腦中響起斷裂對話或無意義單字。
◆ 靈感爆發：想法快速湧現、創意高漲。

這些現象雖看似奇怪，其實是大腦「自由運轉」時最接近潛意識的表現。

為什麼這時候靈感最多？

許多藝術家、音樂家與作家都說，他們最好的靈感常來自剛入睡或剛醒來的片刻。這是因為，在

030

第五節　半夢半醒之間：意識模糊區的奧祕

■ 夢與現實交錯的時刻有什麼意義？

你是否試過夢中醒來，卻還在夢裡？這種「夢中夢」、「假醒」的狀態也屬於半夢半醒的一種。它表示你的意識正在努力甦醒，但潛意識仍在主導。

這些夢境經常充滿強烈的情緒，讓你以為自己醒了、在現實中行動，卻最後發現還在夢裡。它們透露出一個訊息：你內心可能正面臨某種「真假混淆」、「控制感失調」或「現實不滿」的心理情境。

這就是為什麼你在快睡著時突然想出一首旋律、一段解法，甚至解決某個煩惱，不是來自神祕世界，而是你潛意識平常被壓抑的部分，在這段意識「鬆動期」中突然跑出來。

這種模糊意識下，大腦的邏輯控制變弱、批判系統關閉、想像力解放，創造連結的能力大幅提升。這些靈感來源，

■「睡眠癱瘓」與「鬼壓床」的真相

你曾經有過醒來卻動不了、感覺胸口壓著重物、無法說話的經驗嗎？這被俗稱為「鬼壓床」，其實就是發生在半夢半醒之間的「睡眠癱瘓症」。

這種情況通常出現在從 REM 睡眠突然清醒時，大腦意識甦醒，但身體仍處於肌肉抑制的狀態，導致短時間內無法動彈。

雖然這種經驗會引起恐懼，但它其實是完全可解釋的生理現象。

第一章　為什麼我們會做夢？─打開夜晚的潛意識大門

這個狀態與清醒夢有關嗎？

清醒夢的產生往往與半夢半醒狀態密切相關。當我們在接近入睡或即將醒來的時刻突然意識到「這是夢」，並且保持部分清醒認知時，就進入了清醒夢狀態。

因此，學習如何在半夢半醒時提高覺察能力，是訓練清醒夢的第一步。透過呼吸觀察、自我暗示與夢境日記，可以強化這段意識過渡期的敏感度。

半夢半醒期的情緒與夢有什麼不同？

有趣的是，這種意識模糊狀態下的情緒，往往比夢還要濃烈。因為它結合了「潛意識內容」與「意識微開」的雙重力量，很多人會在這段時間體驗到突如其來的哭泣、害怕、想念或被愛的感覺。

這些情緒來得快、走得也快，但它們往往是內心深層的警示或訊息。如果你能夠在這時保留意識，不急著翻身或進入白天狀態，這些情緒可能給你一個全新的線索。

這段模糊時光可以被訓練嗎？

可以。以下是幾個增進「半夢半醒覺察力」的方法：

◆ 睡前冥想分鐘，觀察思緒轉換

032

第五節　半夢半醒之間：意識模糊區的奧祕

- ◆ 記錄清晨剛醒來的第一個感覺與畫面
- ◆ 使用夢日記，強化入睡與醒來時的意識關注
- ◆ 避免鬧鐘驚醒，改用自然音或燈光喚醒
- ◆ 養成回顧夢境的習慣，延長「意識過渡區」

這些練習會讓你更熟悉意識變化，也會讓你在夢中擁有更多的清醒時刻。

■ 模糊邊界，是潛意識的露出口

半夢半醒的狀態，不是你「糊塗」了，而是潛意識與意識在接壤之處進行的一場悄悄對話。這裡是夢開始的地方，也是靈感出現的交界。

不要忽視這段短短的過渡時光，它是潛意識釋放訊息的「開口」，也是你可以練習覺察、對話、修補自我的空間。

下一次，你再經歷這種模糊時刻時，不妨別急著醒，也別急著睡，試著聽一聽心裡說了什麼。

033

第一章　爲什麼我們會做夢？─打開夜晚的潛意識大門

第六節　我可以不做夢嗎？關於夢與健康的真相

很多人有過這樣的疑問：「我是不是不太做夢？」又或者：「做夢是不是對健康不好？」甚至還有人說：「我希望能完全不做夢，讓睡眠變得更沉穩。」那麼，夢到底是不是必要的？如果沒有夢，是否代表睡得更好？還是健康出現了問題？

這一節，我們將一起拆解「不做夢」這個迷思，從科學實證出發，說明夢對身心健康的真實作用，以及當你「感覺自己沒做夢」時，實際上身體與大腦正在發生什麼事。

■ 真的有「完全不做夢」的人嗎？

從生理角度來說，只要一個人進入了快速動眼期（REM 睡眠），就一定會做夢。也就是說，只要你的睡眠是正常的、有經過完整週期的，就會有夢產生。

所謂的「不做夢者」，大多數其實只是「夢境記憶力弱」或「醒來時夢已經消散」。這種現象非常常見，尤其在下列情況更容易發生：

◆ 睡眠深沉、醒得快
◆ 鬧鐘突如其來響起，夢中被打斷

034

第六節 我可以不做夢嗎？關於夢與健康的真相

- 沒有特別去注意夢境
- 長期壓抑情緒或忽略內在感受

因此，如果你說你「從不做夢」，其實更可能是「你從不記得夢」。

夢是睡眠的「副產品」還是「核心功能」？

在過去，夢被認為只是睡眠的附屬現象。但現代神經科學與心理學發現，夢在大腦中的角色遠比想像中重要。

以下是夢在健康中扮演的幾個關鍵功能：

- 情緒整合：夢幫助你「消化」白天累積的情緒經驗。
- 記憶鞏固：在夢中，大腦會將短期記憶轉為長期記憶。
- 壓力調節：夢提供「模擬練習場」，讓你練習處理困難情境。
- 創造力來源：許多創新與靈感都來自夢中「自由聯想」過程。

這些作用不但讓我們心理更穩定，也有助於生理調節（如免疫系統、荷爾蒙分泌）。

第一章　為什麼我們會做夢？—打開夜晚的潛意識大門

不做夢會怎樣？實驗告訴你後果

曾有經典睡眠剝奪實驗，讓受試者每次一進入 REM 睡眠階段就被叫醒。結果顯示，這些人短時間內出現以下狀況：

◆ 情緒不穩定、焦躁易怒
◆ 注意力下降、記憶混亂
◆ 生理指標紊亂（心跳加快、消化功能失調）
◆ 增加白天幻覺、失眠等精神症狀

這證明：夢不是「可有可無」，而是維持心理平衡的重要機制之一。若強制讓人「不做夢」，不但健康會受影響，整體認知與情緒也會開始失調。

為什麼有些人夢很多，有些人夢很少？

夢的頻率和以下因素有關：

◆ 睡眠結構：REM 睡眠時間長者，夢多且記得清楚。
◆ 心理狀態：情緒豐富、敏感、創造力高者，夢境通常更多。
◆ 生活壓力：壓力過大時，夢容易激烈、混亂，也較易被記住。

036

第六節 我可以不做夢嗎？關於夢與健康的真相

- 記夢習慣：有記錄夢境的人，會培養出「記得夢」的能力。

換句話說，夢多夢少並不代表一個人是否健康，而是代表他與潛意識的連線狀態是否清晰。

使用安眠藥真的會讓人不做夢嗎？

部分安眠藥（尤其是鎮靜類藥物）會影響 REM 睡眠的比例，使人不容易進入夢的階段。有些人會說：「吃藥之後就不會做夢，好安穩。」

但事實上，這樣的「無夢安眠」是因為大腦功能受到抑制，長期下來會打亂自然的睡眠結構。長期依賴藥物抑制夢境，可能會帶來情緒遲鈍、創造力降低、心理調節力下降等副作用。

因此，除非醫師建議，否則不建議為了「不做夢」而使用藥物。

夢境與大腦健康有什麼關聯？

最新的腦科學發現，夢的品質與大腦健康狀況呈現高度正相關。

- 阿茲海默症患者的夢境活動顯著減少
- 憂鬱症患者的夢境更混亂、情緒張力高
- 焦慮者在夢中會出現大量「失控」情節

第一章　爲什麼我們會做夢？─打開夜晚的潛意識大門

這顯示，夢不只是睡眠的附屬品，更是大腦健康狀況的「影子」。透過觀察夢的模式，可以預先發現認知或情緒問題。

可以主動讓自己「少做夢」嗎？

若你有夢境太多、夢中容易驚醒、感到疲累的困擾，以下是改善夢境過度活躍的方式：

- 調整睡眠時間與品質：早睡早起、規律作息。
- 避免睡前刺激（如咖啡、重口味食物、劇烈運動）。
- 進行睡前放鬆練習：深呼吸、冥想、泡腳等。
- 睡前不帶情緒進床：寫下當日煩惱再入眠。

這些方式不是為了「不做夢」，而是讓夢境不要過於強烈、雜亂，讓大腦可以平衡進行心理整合。

做夢真的會讓人睡不好嗎？

夢本身不會讓你睡不好，真正干擾的是⋯

- ◆ 做夢過程中驚醒（尤其是惡夢、驚嚇夢）
- ◆ 夢境內容太情緒化，醒來後難以平復

038

第六節 我可以不做夢嗎？關於夢與健康的真相

◆ 長期夢境與壓力互相循環，影響深層睡眠

這些問題可透過改善心理壓力、提高睡眠品質與學習夢境調節技巧來解決。

■ 夢越清晰，是不是大腦越敏銳？

夢清晰與否，與你的「潛意識接收力」有關。清晰夢境可能代表：

◆ 你正處於心理敏感期（例如壓力或創作高峰）
◆ 你訓練了自己的記夢與覺察力
◆ 你願意面對潛在的自我對話

這與大腦「是否更聰明」無直接關係，但確實與「你對自己的情緒與思想是否更敏銳」有關。

■ 不是「不要做夢」，而是「理解夢在做什麼」

如果你問：「我可以不做夢嗎？」那麼真正該問的或許是：「我的夢正在幫我什麼？」

夢不是睡眠的雜訊，而是潛意識對你的心理狀態所做的深層整合。它們在你睡覺時，靜靜地整理、調節、提醒你什麼該處理、什麼該放下、什麼還沒說出口。

039

第一章　為什麼我們會做夢？—打開夜晚的潛意識大門

所以，你會發現，不要追求「完全無夢」，而是學會辨識「夢的訊息」。夢其實是在幫你活得更清醒。

第七節　做夢是壓力太大嗎？身心訊號解讀

「最近夢特別多，是不是壓力太大了？」這是許多人心中的疑問。特別是當夢境頻繁出現令人焦慮的場景，比如逃跑、被追趕、考試失敗、無法控制自己等情節時，我們很自然會把它與壓力聯想在一起。

那麼，夢到底是不是壓力的反映？為什麼有時候一遇到生活變化，夢境就變得特別激烈？夢境又如何幫助我們解讀自己未被察覺的情緒與壓力？本節將從生理、心理、情緒層面，一一剖析夢境與壓力之間的真實關係。

■ 壓力會影響夢境的「形式」與「頻率」

根據睡眠心理學研究，當一個人處於高度壓力或情緒波動的狀態時，REM（快速動眼）睡眠的長度與密度會上升，而這正是夢境最頻繁的階段。

040

第七節　做夢是壓力太大嗎？身心訊號解讀

壓力會導致以下夢境特徵：

◆ 夢境情緒強烈：焦慮、恐懼、緊張的夢出現機率大增。
◆ 夢境劇情混亂：跳接、場景扭曲、邏輯異常等特徵明顯。
◆ 夢中自我感受被放大：無助、羞愧、慌亂等情緒反應極端。

夢境不是壓力的「副作用」，而是壓力在潛意識裡的延伸投影。它像一面鏡子，把你白天沒處理完的焦慮映射在夜裡。

壓力夢境的常見類型解析

我們在壓力大時，容易出現幾種典型夢境：

◆ 被追趕：象徵焦慮來自外在壓力源，如工作、家人、責任感。
◆ 遲到／趕不上車：顯示對失控、未完成任務的恐懼。
◆ 掉牙／裸體／被看光：與自我形象、自尊心受損有關。
◆ 考試失敗、交白卷：內在的成就焦慮或「還不夠好」的信念。
◆ 迷路、找不到方向：反映生活方向感模糊、決策困境。

這些夢雖然劇情不同，但背後都有一個共通點——它們來自於未被表達的壓力。

第一章　為什麼我們會做夢？—打開夜晚的潛意識大門

■ 夢是情緒「轉運站」而不是情緒製造機

很多人會以為「夢讓我變得更焦慮」，但事實上，夢只是把你原本就存在的壓力圖像化、戲劇化。夢境是情緒能量的「轉運站」，讓它們在腦中重新排列組合，試圖完成「心理整合」這項工作。

一項哈佛大學的研究顯示，人在夢中重複模擬壓力情境，有助於白天處理相似壓力時更有效率。這代表夢境不是讓你更崩潰，而是提前「模擬演習」，讓你在現實中有心理準備。

■ 做夢其實是一種「壓力自癒機制」

從演化心理學角度來看，夢是一種「夜間心理修復」。古人面對猛獸或危險環境，透過夢境模擬逃生情境，增加求生機率；現代人面對的是社會性壓力、情緒內耗，夢則幫助我們演練情境、緩衝情緒。

這讓我們理解，夢中那些讓人驚嚇、失控的情節，其實是大腦在幫你「釋放壓力、重整策略」，只是它用的是潛意識的語言，而非理性的表達。

■ 不是所有夢都代表壓力

要注意的是，並非所有「情緒強烈」的夢都等同於壓力反應。例如：有時你夢見與某人激烈爭吵，不見得代表你壓力爆表，而可能是內在價值觀在產生衝突；你夢見戰爭，也可能象徵生活中的選

042

第七節　做夢是壓力太大嗎？身心訊號解讀

夢境是一種「象徵系統」，不能簡單地對應成「夢這件事＝壓力來源的事件」。真正的解夢方式，是從夢中的感覺出發，連結你的生活狀態。

如何判斷夢是否源於壓力？

你可以從以下幾個指標判斷：

◆ 近期是否出現生活變動（如搬家、換工作、重大人際事件）？
◆ 是否白天常出現「想不完的事」、「緊迫的節奏」、「無法掌控感」？
◆ 醒來後是否有情緒殘留，如心悸、疲憊、悲傷？
◆ 夢境是否重複出現、主題類似？

當以上狀況同時出現，夢就很可能是你的壓力訊號，提醒你該處理生活某部分的焦慮。

透過夢境辨識壓力根源

夢的好處之一，是它不需要你主動說出壓力，它自己就會用畫面來「講話」。你可以透過以下方式，找出壓力根源：

擇拉鋸，而非真實的恐懼。

第一章 爲什麼我們會做夢？—打開夜晚的潛意識大門

■ 善用夢境，讓壓力有出口

夢不只反映壓力，它也是壓力轉化的工具。如果你懂得善用夢境，它能幫助你處理白天無法碰觸的議題：

◆ 寫夢日記：讓壓力圖像化，有助釋放。

◆ 夢中進行對話：想像與夢中角色對話，了解內在衝突。

◆ 進行夢境重寫：白天想像與夢會有不同結局，有助情緒整合。

◆ 睡前暗示放鬆：降低壓力進入夢境，讓夢更平和。

寫下夢中出現的地點、角色、情境⋯這些都是潛意識的線索。

記錄夢中的「主觀情緒」⋯夢裡你感覺是害怕、無奈還是委屈？

回頭對照當前生活中，有無相似的感覺或處境？

這些線索不一定直指壓力來源，但能幫助你掌握壓力在哪裡「潛伏」。

044

第七節　做夢是壓力太大嗎？身心訊號解讀

做惡夢，並不代表你快崩潰

很多人夢見災難、死亡、被傷害，醒來後嚇出一身冷汗，懷疑自己是不是心理出狀況。其實，這些「負面夢」恰好反映出潛意識正在努力「整理混亂」，是一種清創、不是病變。

就像傷口會結痂一樣，心理創傷也需要「轉化出口」，而夢就是這個出口。有時你以為是惡夢，其實是療癒的過程在啟動。

夢不是壓力的敵人，而是你的情緒翻譯員

夢的出現，不是因為你出了問題，而是因為你正在承受壓力。它不是讓你更緊張的罪魁禍首，而是那個偷偷告訴你「你需要休息一下」的朋友。

不要害怕夢，也不要害怕夢中的混亂與黑暗。那是你內心的語言，是壓力在轉化成理解、焦慮在轉化成釐清的過程。

夢不會讓你崩潰，它只是在提醒你：該面對、該轉化、該接住自己了。

第一章　為什麼我們會做夢？—打開夜晚的潛意識大門

第八節　做夢跟人格有關嗎？你的夢像誰的夢？

你是否曾懷疑，為什麼有些人總夢見奇幻的情節，有些人夢裡總是嚴肅緊張？夢中有人可以飛天遁地，有人卻被瑣碎的現實糾纏不休？如果夢是潛意識的延伸，那麼每個人的夢風格是否就是他們人格特質的縮影？

這一節，我們將深入探討夢境與人格之間的關聯，從心理學理論與真實觀察來理解：你是什麼樣的人，就做什麼樣的夢。

■ 夢境真的能反映人格嗎？

心理學界長久以來對此議題多有研究。雖然夢境的內容極度個人化，但總體來看，它們確實會隨著人格特質的不同，而呈現出明顯的風格差異。

美國夢境研究者卡爾文・霍爾（Calvin S. Hall）曾對數千則夢境進行分類，發現人格五大特質（開放性、嚴謹性、外向性、宜人性、神經質）確實與夢境風格有顯著關聯。

舉例來說：

◆ 開放性高的人，夢境通常想像力豐富、情節跳躍。

046

第八節 做夢跟人格有關嗎？你的夢像誰的夢？

◆ 嚴謹性高者，夢常有秩序、任務、計劃性場景。

◆ 神經質高的人，夢境情緒張力強，焦慮與不安頻繁。

這些關聯並不是「鐵律」，但提供我們一種觀察夢的心理視角。

不同人格對夢境的「記憶」與「重視程度」也不同

不只是夢的內容，連你記不記得夢、怎麼看待夢，也與人格有關。

◆ 外向者傾向忽略夢、不太記得。

◆ 內向與感受型人格，較容易記得細節並分析夢境意義。

◆ 完美主義傾向者，容易反覆夢見任務未完成的情節。

這說明了夢境不只是「發生」，更包含「你怎麼對待它」的層面。人格不同，你與夢的關係也不一樣。

夢中自我角色，是否揭示真實的自己？

許多人在夢中發現自己「不太像自己」：夢裡的你可能更勇敢、更暴躁、更果斷、更冷漠……這是為什麼？

第一章　爲什麼我們會做夢？—打開夜晚的潛意識大門

心理學家榮格（Carl Jung）提出「夢中的自我」不等於「日常自我」，而是「整合自我人格」中的一部分，可能是你被壓抑、未認識、尚未表現出來的另一個自己。

換句話說，夢中那個「你」，其實是你潛意識中的人格面向，在夢裡被釋放出來。透過這個角色的行為與反應，你可以看見自己潛在的性格輪廓。

反覆夢境反映的是「性格慣性」

有些人夢裡總是同樣劇情⋯遲到、被困、找不到東西、吵架、被誤會⋯⋯這些反覆的夢境不是巧合，而是人格「模式」的展現。

這些模式可能來自：

◆ 你處事風格中長期存在的焦慮傾向
◆ 人際互動中一再出現的恐懼
◆ 自我價值感長期累積的壓力

當夢境持續出現類似情節，這就是潛意識在說：「這就是你處理世界的方式。」夢是一面鏡子，把你不自覺的人格機制映射出來。

048

■ 第八節 做夢跟人格有關嗎？你的夢像誰的夢？

你夢見的「他人」也與你的人格有關

夢中的角色常常不是虛構，而是你生活中曾出現的人——同學、主管、前任、家人，甚至完全陌生的面孔。

榮格稱之為「投射人格角色」：你把自己內心的某個部分投射到夢中的他人身上。例如：

◆ 夢見某個「強勢的老師」，可能代表你內心的控制欲或自我批判；
◆ 夢見某個「沉默的同學」，可能是你壓抑已久的孤單感。

夢中的他人，其實是你自己人格的不同面向，透過他們來與你對話。

創造型人格與夢的「敘事感」

如果你是藝術家、作家、設計師，或是高度想像力的人，夢境常常具備「完整敘事結構」，甚至包含視覺美學與創新場景。

這類人格的人，白天常處在想像狀態，大腦中習慣建構圖像與情節，因此夢境也容易展現出高度故事性與結構感。

這不是因為你「做夢比別人更厲害」，而是你的大腦本來就擅長運用圖像與概念，夢只是提供一個更自由的劇場。

壓抑型人格的夢更容易變成惡夢

性格中習慣壓抑、過度理性、壓下情緒的人，夢境往往比一般人更劇烈。因為白天沒表達出來的情緒會在夢中集體反撲。

這類人常夢見：

◇ 無法呼吸、講不出話
◇ 被追殺、失控、死亡
◆ 場景壓迫、逃不出去

這些夢不是壞事，而是潛意識在幫助你「解凍」那些被凍結的內在感受。這正是一種人格防衛鬆動的開始。

■ 夢也會被「社會人格」影響

我們日常生活中不只是「個人」，還背負著「社會角色」──媽媽、主管、學生、創業者……這些角色也會進入夢中，形成社會人格壓力的映射。

當你常夢見：

050

■ 第八節　做夢跟人格有關嗎？你的夢像誰的夢？

◆ 自己犯錯、被審判、無法完成任務
◆ 無力保護他人、照顧家庭失敗

這些夢境往往來自「你對自己的社會期待」與「角色負荷」過重，而與你真實內在是否渴望那些角色未必一致。

■ 夢中語言反映的是情緒，而非邏輯人格

不少人會想從夢中語言、對話去判斷自己性格，其實夢中的語言並不是邏輯思考的結果，而是情緒的出口。

夢裡你可能說出現實不敢講的話、用異常的語氣甚至語言錯亂，這並不代表你有語言障礙，而是你的情緒在說話。

人格會影響你如何處理情緒，而夢中的語言正好反映了你「未經過濾的情緒人格」。

■ 夢是你性格的側寫圖

每一場夢，都是你的人格在夜裡說的話。你是謹慎的人，夢裡也會布滿細節與邏輯；你是情緒豐沛的人，夢就像一部濃烈劇情片。

051

第一章　為什麼我們會做夢？—打開夜晚的潛意識大門

夢的風格不是隨機的，而是你長年累積的性格、情緒表達、心理防衛模式的集合體。與其說你在做夢，不如說「你的性格正在夢裡繼續活著」。

所以，下次別再問「這個夢是不是奇怪」，你應該問的是：「這個夢，是不是很像我？」

第二章

夢裡總在逃什麼？
—— 焦慮與壓力的夢境暗示

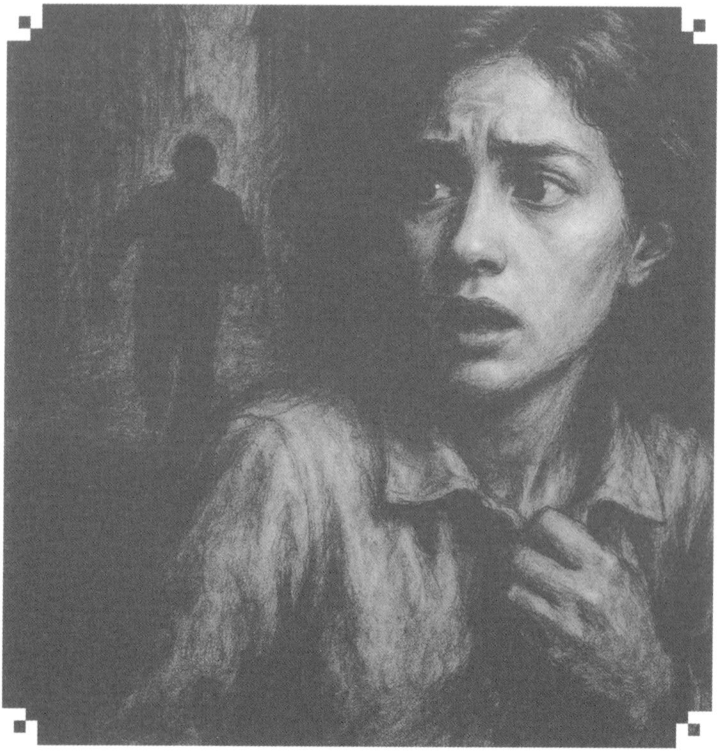

第一節　一直夢見遲到、趕不上：焦慮的訊號

第一節 一直夢見遲到、趕不上：焦慮的訊號

你是否有過這樣的經驗？夢中一邊狂奔，一邊看著手錶，發現自己要遲到了。或者明明已經出門，卻發現忘了帶東西、搭錯車、走錯路，怎麼樣也趕不上原本應該抵達的地方。

這類夢境——關於遲到、趕不上、準備不夠的情節——是最常見的「焦慮型夢境」之一。它不只反映壓力，更是你內心對於「掌控感失去」的深層反應。本節將解析這類夢境背後的心理意涵，並告訴你該如何面對這些訊號。

■ 為什麼老是夢見遲到？夢境的共通模式

夢見遲到的情節雖然各種版本不同，但有幾個常見樣貌：

◆ 明明時間快到了，卻還沒出門
◆ 好不容易出門，卻一直被延誤（塞車、迷路、走錯場地）
◆ 忘了重要物品，必須返回取物
◆ 到了現場，發現大家都在等你，感到羞愧或慌張

055

第二章　夢裡總在逃什麼？—焦慮與壓力的夢境暗示

這類夢境多半發生在壓力較大的時期，例如工作評鑑、求職面試、重大考試前，或是面臨關係壓力、責任轉換的時刻。

心理訊號：你怕「不夠好」

從心理層面來看，遲到的夢不只是對時間焦慮，它其實與「完美主義」和「焦慮人格傾向」有深度關聯。

這類夢者通常對自己要求極高，內心害怕失敗、錯過機會或被他人評價為「不負責任」、「準備不夠」、「不夠稱職」。

夢境把這種「我來不及準備好」的焦慮，具體化成趕不上車、考試快開始、場地突然換了等具象劇情。

你不是在怕遲到，而是在怕「失控」

遲到的夢表面上是在講時間，其實核心是在說「掌控感」的喪失。夢者常處於高要求、節奏快速或不確定性高的環境中。

你可能：

◆ 正在進行一個無法預測結果的重要計畫

056

第一節　一直夢見遲到、趕不上：焦慮的訊號

◇ 接受一項新任務，卻沒信心能處理好
◇ 感受到別人對你期待過高

在這些情況下，夢境會用「來不及」、「還沒準備好」的劇情，來呈現你現實生活中的不安與緊張。

遲到的夢與人生階段轉換有關

這類夢經常出現在「過渡期」：

◆ 畢業找工作時
◆ 剛換職場或升遷後
◆ 面臨結婚、懷孕、搬家、照顧長輩等家庭變化

這些人生轉換雖然具有正面意義，但同時也是壓力來源。你的潛意識會用夢來「模擬」各種失控情境，幫你提前排演與釋放焦慮。

夢中的情緒才是真正的線索

比起夢裡「發生什麼」，更重要的是「你感受到什麼」。

第二章 夢裡總在逃什麼？—焦慮與壓力的夢境暗示

◆ 如果你夢中只是焦急，表示你正努力面對挑戰；
◆ 如果你感到羞愧、無助、逃避，則表示你可能內心有逃避感或自我懷疑。

情緒是潛意識的語言，透過它你可以知道這個夢的重點不在劇情，而在「你正在擔心什麼」。

重複夢見遲到，代表什麼？

當這類夢一再重現，表示你的壓力可能長期存在、未被處理，或是你陷入一種「永遠來不及」的內在信念。

這樣的信念常來自童年經驗、學業或職場經驗的累積——你曾被責備遲到、被批評不夠快、不夠好，這些經驗留下了深層焦慮，進入夢境成為固定劇本。

這樣的夢是否會傷害睡眠品質？

答案是：視情況而定。如果你偶爾做這樣的夢，可能只是壓力轉化的正常機制；但若經常因此半夜驚醒、感到疲憊甚至害怕入睡，則可能是睡眠焦慮或壓力過度的表徵，建議要處理原始壓力源。

■ 第一節　一直夢見遲到、趕不上：焦慮的訊號

你可以這樣回應這些夢

◆ 寫夢日記：記錄夢的內容與當下感受，幫助你覺察壓力來源。

◆ 對夢說話：試著在白天「回應夢裡的你」——告訴自己你正在努力、你並沒有失敗。

◆ 安排緩衝時間：夢中遲到，可能是你現實中太急、太逼自己。給自己鬆動與空間。

◆ 練習放鬆入眠：避免帶著焦慮上床，可用呼吸放鬆或冥想安撫自己。

■ 夢不是責備你，而是在提醒你：慢一點也沒關係

很多人看到這類夢會自責：「是不是我真的做不好？」、「是不是我潛意識在否定我？」

其實不是。夢只是幫你演出那份焦慮，好讓它浮出來。你夢見遲到，不是因為你真的遲到，而是你害怕「不夠被肯定」。

這個夢是在說：你有壓力，你很努力，你很怕讓人失望。而潛意識選擇用這樣的方式來讓你正視這份壓力。

第二章　夢裡總在逃什麼？—焦慮與壓力的夢境暗示

■ 每一場遲到的夢，都是焦慮來敲門

遲到的夢是我們最常遇到的焦慮夢之一，它看似平凡，但背後卻反映了對自我要求、對掌控感的渴望，以及對未知挑戰的準備不安。

夢不會告訴你答案，但它會提供你一個鏡子，映照出你內心正承受的壓力。當你學會讀懂這個鏡子，你就能用更溫柔的方式對待自己。

下次再夢見遲到時，請不要只覺得是「又一次夢到老劇本」，而要對自己說：「我知道我在擔心什麼了，這次，我不再逃避它。」

第二節　夢到被追、跑不動：壓力在夢中出現的樣子

夢中被追，是許多人共同的經驗。你可能在夢裡狂奔、躲藏、跳過屋頂、穿越森林，而後面總有個「東西」追著你。有時是模糊的人影，有時是怪物、警察、野獸，甚至是完全看不到的力量。最令人焦慮的是，你常常跑不動、腳像灌了鉛一樣沉重，怎麼也逃不掉。

060

第二節 夢到被追、跑不動：壓力在夢中出現的樣子

這些「被追的夢」到底在追什麼？追的是我們沒面對的壓力、焦慮與內在衝突嗎？本節將深度解析「被追與跑不動」的夢境語言，它們不是單純的夢魘，而是潛意識的壓力代碼。

被追的夢為什麼這麼常見？

根據夢境研究統計，追逐類夢境是全球最普遍的夢之一。這種夢出現在各種文化背景與年齡層，顯示它並非單一事件反映，而是人類共同的潛意識語言。

這類夢境背後的基本情境是：

◆ 意識試圖逃避壓力源，但無法擺脫
◆ 自我感受到「無法面對」或「只能逃跑」
◆ 有某種「威脅」存在（真實或象徵）

夢境於是用「被追」這個形式，呈現出你內心壓力與情緒對抗的過程。

夢中你在逃避什麼？

夢中追你的不一定是怪物，它可能象徵⋯

◆ 現實中的壓力源（工作、人際、金錢）

第二章 夢裡總在逃什麼？—焦慮與壓力的夢境暗示

跑不動，是身體還是心理在卡住？

夢中「跑不動」的感覺，是這類夢的特徵之一。你可能試圖奔跑，但像踩在黏土上，腳無法抬起來、動作變慢，甚至感覺身體不受控制。

這種現象不是夢的錯誤，而是心理學上的「無力象徵」。它代表：

◆ 你正處於一種「被困住」的生活狀態
◆ 面對壓力你找不到出口，只能在內心反覆掙扎
◆ 情緒或現實阻力太強，讓你無法動彈

夢境用這種「物理上的癱瘓」表達心理上的無助。

◆ 被壓抑的情緒（罪惡感、恐懼、羞愧）
◆ 過去未處理的創傷（童年經歷、失落、羞辱）

你可能白天不覺得自己有問題，但夢會把這些「還沒解決的事」包裝成模糊的威脅，讓你在夜裡逃跑。

062

第二節　夢到被追、跑不動：壓力在夢中出現的樣子

■ 追你的，是你自己嗎？

有一種說法：夢中追趕者其實是我們自己。你在逃的，不是別人，而是「你自己不想面對的那一面」。

這可能是：

- ◆ 你做錯事後的罪惡感
- ◆ 你壓抑已久的怒氣或悲傷
- ◆ 你對未來的不確定與焦慮

潛意識將這些感覺擬人化，變成一個追你的角色，讓你用行動（逃跑）來象徵你對壓力的處理方式（逃避）。

■ 夢中的「追擊者」類型分析

- ◆ 不明人影／黑影：象徵模糊壓力源，可能是你還沒察覺的焦慮。
- ◆ 動物或野獸：代表原始衝動或本能（如性慾、攻擊性、恐懼）。
- ◆ 熟人、父母、老師：具象化的內在批判或外界期待。
- ◆ 警察、法官：責任、道德、社會規範的象徵。

第二章　夢裡總在逃什麼？——焦慮與壓力的夢境暗示

◇ 自己（分身）：人格中的對立面，例如理性與感性、控制與衝動的衝突。

夢的內容不是重點，關鍵是「這個人／東西代表什麼」以及「它讓你感受到什麼」。

■ 被追的夢與壓力指標有高度關聯

研究指出，頻繁做被追夢者，在以下情況更常出現：

◆ 長期職場壓力、高工時工作者
◆ 正經歷重大人際衝突或家庭緊張者
◆ 壓抑情緒、不擅表達者
◆ 面臨不確定性與變動期者（如求職、分手、搬家）

這些人雖在白天表現鎮定，夜裡卻在夢中不斷奔逃。

■ 你不是在逃跑，而是在找出口

夢中逃跑不一定是「逃避現實」，它也可能象徵你在「努力尋找出口」。很多人在這類夢中，會穿越各種地形、打開門、找捷徑——這正是潛意識嘗試「思考解方」的過程。

換句話說，夢雖呈現焦慮感，但也暗示你正在面對問題，只是還沒找到方法。

064

■ 第二節　夢到被追、跑不動：壓力在夢中出現的樣子

■ 什麼時候該擔心？夢境變成負擔的時候

若這類夢出現頻率高、情節強烈、導致你睡眠品質受損，甚至白天心神不寧，可能表示：

◆ 焦慮與憂鬱傾向需要被正視
◆ 潛在創傷被夢境反覆觸發
◆ 壓力過大已影響潛意識機制

此時建議尋求心理諮商，進一步理解夢境與情緒來源，避免夢變成惡性循環的一部分。

■ 如何回應這類夢境？

◆ 夢境記錄：寫下夢中追你的對象、情境、你當時的反應。
◆ 情緒解讀：釐清夢中出現的恐懼是否來自現實生活中的壓力源。
◆ 放下對抗感：夢中若開始「轉身面對追者」，可能讓你發現壓力來源並非那麼可怕。
◆ 日常解壓：冥想、運動、書寫或與人傾訴，減緩潛意識壓力累積。

你逃的不是人，而是還沒說出口的壓力

被追的夢讓我們焦慮，讓我們跑得氣喘吁吁，但這不是一場無意義的噩夢，而是潛意識在說：「你累了，你壓力很大，你該停下來看看是什麼在壓著你。」

夢不會解決問題，但它會幫你指出問題的形狀。當你勇於面對那個追你的「東西」，你會發現⋯它其實只是你的一部分，它想被你聽見、看見，然後，終於可以放下。

第三節　掉牙、跌倒、赤裸⋯不安全感的象徵

你是否曾夢見自己掉牙、突然跌倒，或是站在人群中卻發現自己赤裸？這些夢境通常讓人醒來後滿是困惑，甚至帶著強烈的不安。儘管這些夢的劇情天差地遠，但它們有一個共通點——都與「不安全感」有關。

本節將從這三種經典夢境出發，剖析它們在潛意識中的象徵意義，解釋為何它們會反覆出現，並教你如何從夢中讀懂內在的不安來源。

066

■ 第三節　掉牙、跌倒、赤裸：不安全感的象徵

掉牙夢：對失控與老化的焦慮

掉牙是最常見的夢境之一。它可能出現為牙齒鬆動、脫落、碎裂，甚至整口牙齒像沙一樣灑落。這類夢常與以下心理狀態有關：

◆ 害怕失控：當生活中某部分你感覺無法掌控，例如工作不穩、人際變化，夢就可能以牙齒脫落象徵「支撐崩解」。

◆ 焦慮與自我形象：牙齒代表外貌與自信，夢見掉牙可能象徵你對外在評價的不安。

◆ 年齡感與衰老：牙齒也象徵年輕、活力與力量，掉牙夢可能反映你對變老、失去能力的焦慮。

有趣的是，這類夢境不分年齡層都有，只是焦點不同：年輕人多半是「外貌與成就焦慮」，年長者則偏向「老化與退化的象徵」。

跌倒的夢：失去支持、重力與信任的隱喻

夢中跌倒、從高處墜落、踩空樓梯，常令人心驚肉跳，甚至驚醒出汗。這類夢與「安全感」有直接關係。

夢見跌倒可能代表：

067

第二章　夢裡總在逃什麼？—焦慮與壓力的夢境暗示

● 信任感崩解：你正懷疑某段關係是否還可靠，或懷疑自己是否還能被支持。
● 人生方向感不穩：你對未來的腳步感到動搖，夢以「踩空」象徵這種不確定。
● 羞恥與恐懼：跌倒夢常伴隨「眾人注視」的情境，象徵你內在害怕出錯或丟臉。

值得注意的是，這種夢常發生於即將做重大決定、搬遷、跳槽或步入人生新階段前，潛意識透過跌落來模擬「失去支撐」的恐懼。

赤裸的夢：害怕被看穿、不想被揭露

夢中發現自己赤裸在學校、職場、街頭或人群中，讓人倍感羞愧與驚慌。這是潛意識在處理「暴露感」與「隱私界線」的議題。

常見的象徵包括：

● 被看穿的恐懼：你擔心內在脆弱、錯誤、祕密被人發現。
● 社會角色失衡：你覺得自己在人前表現得不夠好、不夠完整。
● 自我揭露壓力：你正面對一個要坦承、表白、面對真實自我的時機，但內心尚未準備好。

赤裸的夢不是性夢，它更像是「赤裸的自我」被拉出來放在聚光燈下。你夢中的羞恥與不知所措，其實是你在現實中渴望安全卻又不得不面對脆弱的內在矛盾。

068

第三節　掉牙、跌倒、赤裸：不安全感的象徵

三種夢的共通點：控制感的失衡

雖然掉牙、跌倒、赤裸看起來是不同情節，但它們其實都在傳遞同一訊號：你正在經歷或即將經歷一種「控制感失衡」的狀態。

這些夢出現在：

◆ 新的人際關係開始或破裂時
◆ 重大挑戰即將來臨前（升遷、公開演講、轉職）
◆ 長期自我懷疑與比較的心理壓力下

潛意識在這些時刻會模擬「你失去掌控」的畫面，讓你意識到：你並沒有像自己以為的那麼穩定。

為何夢會選擇這些形式？

夢的語言不是直線邏輯，而是象徵系統。它透過熟悉又帶點異化的場景，喚起你的情緒記憶。

◆ 掉牙：從小到大都知道牙齒掉了就是「失去」，象徵生命感崩解。
◆ 跌倒：身體感受直接、明確，刺激大腦的警戒反應。

069

第二章 夢裡總在逃什麼？—焦慮與壓力的夢境暗示

不同版本的象徵層次

◆ 赤裸：人類天生就對「暴露」有本能反應，尤其在群體面前。夢選擇這些形式，因為它們能最快速、最深層喚起「我很不安」的情緒。

◆ 掉牙的夢可能還包含：

◆ 對自己說話時「無力辯解」的象徵

◆ 情緒壓抑導致無法發聲的意象

跌倒的夢也可能象徵：

◆ 害怕讓家人或同事失望

◆ 覺得被生活背叛（被人放手）

赤裸的夢有時更深層的是：

◆ 對自己的外貌或性別角色的懷疑

◆ 被迫脫去偽裝後的不知所措

這些多層象徵，讓同一個夢境在不同人身上有不同的意義。

070

第三節　掉牙、跌倒、赤裸：不安全感的象徵

夢後的情緒才是最真實的訊號

比起解讀夢的畫面，更關鍵的是你醒來後的情緒：

- 如果你驚恐、羞愧、無助，表示夢中的不安全感已影響到你的潛意識結構；
- 如果你反而感到釋放，表示這場夢可能是一種「情緒排毒」過程。

夢的目的不是讓你崩潰，而是透過這些情境喚起你對內在狀態的認識。

這些夢重複出現怎麼辦？

反覆的夢通常是潛意識在強調一個「還沒被解決」的議題。

你可以這樣處理：

- 寫下夢境與醒後感受
- 試著連結生活中近期的不安來源
- 對自己說：「我理解我正在擔心什麼，不需要再用夢來提醒我。」
- 建立安全感來源，如人際支持、規律作息、自我肯定語言

這樣你會發現，夢不會立刻消失，但它不再那麼可怕。

071

第二章　夢裡總在逃什麼？─焦慮與壓力的夢境暗示

這些夢有解嗎？

「解夢」不是要找出一個固定答案，而是要「認識自己當下的心理位置」。

當你知道夢裡的自己其實在說：「我害怕失去」、「我覺得自己不夠好」、「我很怕被看見」，那你就已經啟動了自我整合的第一步。

夢只是一個入口，讓你重新整理你的焦慮與不安。

夢在說「我沒有那麼安全，但我願意面對」

掉牙、跌倒、赤裸這三種夢，是潛意識最經典的不安訊號。它們不是災難，而是提醒你：是時候看看自己的內心防線是不是太久沒整理了。

不要害怕這些夢，也不要急著忘記它。它們在說：「你其實正在擔心什麼，而這份擔心值得被聽見。」

透過理解這些象徵，你會發現，夢是你內在最貼心的心理預警系統，它不是敵人，而是你心理韌性的起點。

072

■ 第四節　考試的夢、工作的夢：夢裡繼續沒放假的你

第四節 考試的夢、工作的夢：夢裡繼續沒放假的你

你是否有過這樣的夢？明明早就畢業多年，卻夢見自己坐在考場裡，面對一道道不會寫的題目；或是在夢中不斷打報告、參加會議、被主管交辦任務，醒來後還覺得比上班還累。這類「考試夢」、「工作夢」並非無稽之談，而是潛意識在面對壓力時的投射。

這一節將深入探討這些夢的心理根源，解釋它們為何會反覆出現，並協助你從這些夢境中找到焦慮的核心，進而釋放那份「永遠沒放假的感覺」。

■ 考試的夢為什麼一直出現？

考試的夢是許多人成年後仍持續出現的夢境之一，即使你早已脫離校園，依然可能在夢中「考試遲到」、「忘了讀書」、「找不到試場」。

這些夢的核心象徵是：「評價」與「壓力」。夢中的考試不再是具體的考卷，而是潛意識將「被要求表現」與「擔心不及格」這兩種情緒具體化的方式。

通常與以下狀態有關：

◆ 即將接受評鑑、面試、審查

073

第二章 夢裡總在逃什麼？—焦慮與壓力的夢境暗示

夢裡工作還在繼續，是壓力太大？

你是否夢見自己在辦公室加班、開不完的會、寫不完的報告？甚至在夢裡與真實工作對接得天衣無縫，醒來後懷疑自己是不是根本沒睡？

這類「工作的夢」通常代表：

◆ 這類「工作的夢」通常代表：
◆ 你的大腦尚未真正休息，仍持續模擬白天任務
◆ 你將工作焦慮「內化成潛意識行為」
◆ 你缺乏界線感，連休息時間都被責任感占據

這些夢不是讓你更有效率，而是提醒你：「你需要一段真的不被工作占據的時間」。

◆ 長期自我要求過高、怕失敗
◆ 內心對某件事感到「還沒準備好」

夢境藉由「考試沒準備好」的情節，反映你潛在的焦慮：「我能勝任嗎？我會不會被發現其實不夠好？」

074

第四節　考試的夢、工作的夢：夢裡繼續沒放假的你

這些夢都在說：「我不夠好」、「我還沒準備好」

無論是考試的夢或工作的夢，它們最核心的訊息其實是：

◆ 對自我價值的不確定
◆ 對表現不佳的恐懼
◆ 對失敗、拖延、自律不足的內疚

夢透過「不斷趕工作」、「考不及格」來演練這種焦慮，彷彿在說：「如果我不努力一點，我會被淘汰。」

潛意識其實是想幫你準備，而不是懲罰你

許多研究指出，夢境具有「模擬訓練」功能。大腦會在夜間回放壓力來源，透過模擬情境幫助你熟悉挑戰、預備應對策略。

考試的夢可能讓你在夢中「試錯」、工作的夢可能讓你「練習面對老闆或客戶」。這些夢看似令人煩躁，實則幫你在潛意識層面累積應對資源。

第二章　夢裡總在逃什麼？—焦慮與壓力的夢境暗示

■ 夢中細節透露你對自己的看法

注意夢中的關鍵畫面：

◆ 考試題目難不難？→你對挑戰的感受
◆ 你坐在哪裡？→自我定位感（主動或邊緣）
◆ 老師或主管態度如何？→你如何看待權威與他人評價
◆ 夢中你如何反應？→面對壓力時的性格模式（逃避、面對、憂慮、麻木）

這些細節能幫助你辨識：你內心的壓力源來自哪裡。

■ 什麼樣的人更常做這些夢？

以下人格傾向者更常出現這類夢境：

◆ 完美主義型：容易陷入「我永遠準備不夠」的焦慮
◆ 高自我要求型：將工作表現視為自我價值
◆ 焦慮敏感型：即使外表冷靜，內在仍反覆模擬失敗場景
◆ 邊界模糊型：難以分清「自己」與「責任」的界線

076

第四節　考試的夢、工作的夢：夢裡繼續沒放假的你

這些夢是壓力的「出口」，但若太頻繁，也可能變成壓力的「再灌入」。

如何減少這些夢的頻率？

◆ 結束工作後，有意識的「轉換狀態」：散步、冥想、洗澡，讓身心知道「已經下班了」。
◆ 寫下「我已經完成的事情」：讓腦中「未完成待辦事項」有個出口。
◆ 臨睡前避免與工作有關的對話或思考。
◆ 使用肯定語言取代自責：睡前告訴自己「我已經盡力，值得好好休息」。

這些夢其實在幫你找回平衡

夢中你考不好、工作被罵、事情做不完——這些都不是命運的警告，而是心理的釋放與調節。

它們讓你知道：「你對自己太嚴格了」，或者「你需要重新界定什麼才是真正重要」。

夢是潛意識在提醒你，不是要你更努力，而是要你別再讓努力占據一切。夢裡上班、考試，代表你該休息了。

當你在夢裡還在打卡、上班、趕報告、對主管低聲下氣，這不是在讚美你的敬業，而是在示警：

你需要停止過度延伸自我。

第二章　夢裡總在逃什麼？—焦慮與壓力的夢境暗示

考試的夢、工作的夢不是你沒做好，而是你太用力。夢在說：「你做得夠多了，也該給自己放個假。」

把夢當作訊號，而不是懲罰。聽懂它的語言，就是開始找回身心平衡的第一步。

第五節　重複的夢境一直出現：內在擔憂還沒解決

你是否做過一樣的夢一次又一次？可能是總是夢見同一座迷宮、反覆遇見某個人、老是在類似的情境中驚醒。這些「夢境重複」不是巧合，而是潛意識正在用一種穩定的方式向你發出訊息。

本節將帶你了解夢境不斷重複的心理運作機制、出現的原因、典型類型，以及如何透過這些夢境來拆解那些始終沒被處理的焦慮與壓力。夢境重複不是困擾，它是你內在尚未結案的心理線索。

■ 什麼是「夢境重複」？

夢境重複指的是內容結構大致相同、主題固定、情節類似的夢境會反覆出現在你的夢中。它們可能間隔幾天、幾週甚至幾年出現一次，但劇情核心卻總是如出一轍。

078

第五節　重複的夢境一直出現：內在擔憂還沒解決

例如：

◆ 總夢見自己走進一個解不開的空間
◆ 總在某段對話卡住，無法繼續
◆ 不斷夢見某個人出現卻無法交談

這類夢境反映的，是你內在某個心理困局「尚未被處理或理解」。

夢境重複是怎麼形成的？

夢境是情緒的「編碼劇場」，而夢境重複往往代表：

◆ 有一段未被消化的經驗持續滯留在潛意識中
◆ 情緒強度太高，單一次夢境無法完成轉化
◆ 行為模式或思考困境未有突破，心理循環仍在重複

潛意識會不斷重播相同的劇情，好像電腦卡在某個指令中，直到你給出「回應」或「處理」，它才會解除重播。

第二章 夢裡總在逃什麼？—焦慮與壓力的夢境暗示

夢境重複的常見類型與意涵

1. 夢見被困住（房間、電梯、空間無出口）
反映生活中某段無法脫身的狀態，可能是工作、人際關係或內在決斷困境。

2. 反覆被追逐或攻擊
潛在焦慮或恐懼源尚未解除，你正迴避處理。

3. 特定人物反覆出現
這個人可能代表一段關係、一種內在角色或未完成的情緒連結。

4. 身體問題夢（牙齒掉落、呼吸困難、無法發聲）
身心壓力已達到身體層次，但你尚未正視。

5. 重複夢見某個地方（學校、老家、車站）
潛意識停留在舊有經驗裡，尚未「心理性離開」。

夢境重複的訊息：這件事你還沒處理完

每個夢境重複都像一封潛意識寫給你的「待辦事項通知單」，內容可能是⋯

080

第五節　重複的夢境一直出現：內在擔憂還沒解決

◆ 一段未說出口的遺憾
◆ 一個不敢面對的情緒
◆ 一種內在對立尚未調和（如自責 vs. 渴望、理性 vs. 衝動）

夢會一直來，直到你願意停下腳步看看：我在逃避什麼？我在不斷重複什麼？

這些夢不會自動消失，而是等待你的「解方」

很多人以為只要「不去想夢」，夢就不會再來。但夢境重複的特性是：「你越不處理，它越不放手」。

潛意識不是在懲罰你，而是在請求被聽見。夢只會在你正視它代表的議題時，才有可能結束或轉化。

如何開始處理夢境重複？

◆ 寫下夢境內容與情緒感受：即使細節模糊，情緒感是最穩定的線索。
◆ 比對生活中的相似經驗：這個夢可能對應一段現實關係、一種內在情緒、一種持續存在的困境。
◆ 畫出夢的畫面或地圖：具象化有助理解結構與重點。
◆ 自我提問：「這個夢想讓我學會什麼？」、「我還沒處理的壓力是什麼？」

第二章　夢裡總在逃什麼？—焦慮與壓力的夢境暗示

夢境重複的終結方式：不是「斷掉」，而是「改寫」

夢境重複不會突然消失，而是當你面對了它、處理了它所代表的壓力，它會「自己結束」。甚至，你會夢見它「有了新結局」——那是潛意識給你的療癒證據。

有些人會夢見：

◆ 與夢中人物和解、說出真心話
◆ 那個總是追你的東西消失了
◆ 終於找到出口、不再困住

這些「版本更新」象徵你心理的整合與突破。

別怕夢境重複，它是情緒重整機制

夢境重複其實是心理系統的「自我校正功能」。當你沒機會在白天說清楚、做清楚，潛意識會選擇夜裡重新排練一次。

這不是詛咒，而是修復。只是它的語言不是文字，而是情節；不是論述，而是場景。

第五節　重複的夢境一直出現：內在擔憂還沒解決

何時該尋求幫助？

若你出現以下狀況，建議找專業心理師協助：

◆ 夢境重複已經長期影響你的睡眠品質
◆ 夢境情節涉及創傷經驗、過往傷害
◆ 醒來後持續感到痛苦、情緒低落、迴避睡眠
◆ 夢境開始與日常現實界線模糊

夢是你的朋友，但當它太沉重，請讓專業來幫你共同解讀與轉化。

夢說「你還在等自己回頭看一眼」

夢境重複不是壞夢，它是你內心那個還沒說完話的部分在等你回來聽它說。它一直出現，因為你還沒說：「我願意處理這件事了。」

別再逃避這場反覆上演的劇情，因為它其實在說：「你有能力改寫故事。」

當你願意正視、理解、行動，那些一直來的夢，就會慢慢退場，留下的是更完整的你。

第二章　夢裡總在逃什麼？—焦慮與壓力的夢境暗示

第六節　做夢做到哭：情緒悶著太久的表現

你是否曾經在夢裡哭泣？那不是因為夢太感人，而是醒來發現枕頭溼了、眼角帶淚、心中沉重，彷彿現實裡未曾說出口的悲傷，全在夢中湧現。

夢中哭泣，是潛意識最直接的情緒表達方式之一。當你白天習慣壓抑、強忍、不提，潛意識就會在夜裡找出口，而眼淚就是最本能的釋放方式。

本節將從夢中哭泣的意涵出發，深入解析它背後壓抑的情緒來源，並協助你理解：你真正想哭的，不只是夢裡那場戲，而是日常裡你沒能好好安放的自己。

■ 夢裡哭泣是什麼意思？

夢中哭泣，象徵的是情緒過載。這些情緒不一定是「近期的事」，更多時候是長期積壓、未被釋放的感受。

可能包括：

◆ 悲傷：失去、懷念、未說出口的道別
◆ 無助：被誤解、遭背叛、無能為力

084

第六節　做夢做到哭：情緒悶著太久的表現

- 壓力：高壓生活下的喘不過氣
- 罪惡感：做錯事、沒做到、沒保護好某人

夢中用哭泣的方式，替你把白天沒辦法釋放的情緒一次傾洩出來。

夢中哭泣與現實中的情緒有何關聯？

通常夢中哭泣的人，現實生活中具備以下特質：

- 高情緒自律：表面平靜，內心翻湧
- 責任感過重：總是照顧別人、壓抑自己
- 不習慣表達情緒：認為「情緒是不成熟的表現」
- 有創傷經驗但未處理：內在仍有過往未解的情緒結

這些人在白天很少哭，夢境成為他們唯一允許自己脆弱的空間。

夢中哭是清理，不是崩潰

許多人會誤解「哭」是一種失控。但夢中的哭泣，其實是心理的「清創過程」。它不像白天的哭那樣外顯，但同樣真實有效。

第二章 夢裡總在逃什麼？─焦慮與壓力的夢境暗示

有些人醒來後覺得身心疲憊，那是因為情緒剛被排出；但也有人感覺輕盈，那表示壓力被釋放了。

這兩種反應都代表：你的夢正在幫你處理壓抑太久的情緒。

不同的哭法，代表不同的情緒狀態

夢中的哭不只一種形式，細節會透露出你情緒的種類與層次：

◆ 默默流淚⋯與深層哀傷、孤獨有關，可能長期沒被理解
◆ 嚎啕大哭⋯強烈壓力終於找到釋放出口，可能是壓抑爆發
◆ 邊哭邊說話⋯象徵渴望被聽見與溝通的需求
◆ 哭著醒來⋯情緒張力極高，夢境未完成，需更多照顧

這些形式能幫助你分辨：你的壓力，是來自外部事件，還是內在情緒長期積累。

夢中哭泣常見場景解析

◆ 夢見親人離世或失聯⋯未解的依附問題或對失落的悲傷尚未完成哀悼
◆ 與熟悉的人吵架後痛哭⋯代表內心關係中的衝突感與想和解卻無法的無力感

086

第六節　做夢做到哭：情緒悶著太久的表現

- 哭著說「我沒用」、「對不起」：長期自我懷疑或罪惡感未被釋放
- 在陌生場景裡哭，旁人冷眼旁觀：象徵內心孤立、無人理解的心理狀態

這些夢境都不是戲劇化，而是壓抑心理狀態的具象表現。

夢中哭不只是悲傷，也可能是療癒

有些人夢中哭完後醒來，反而覺得內在被「洗滌」過，那是因為夢中提供了心理空間讓你安全地釋放。

潛意識知道你白天「不准自己哭」，於是夜裡創造一個舞臺，讓你可以在不被評價的狀態下，把那些你說不出口的情緒好好說完。

這是療癒，不是崩潰。是你內在心理免疫系統在進行「深層排毒」。

什麼樣的人更容易做這種夢？

- 長期照顧他人卻忽略自己的人（如家庭照顧者、領導者）
- 情緒敏感但不易表達的人（內向型共感者）
- 有未完成哀悼或壓抑情緒經驗的人（如童年創傷）

第二章 夢裡總在逃什麼？—焦慮與壓力的夢境暗示

◆ 在重大壓力事件後未進行情緒調整者

這些人白天被社會角色包覆了情緒，夢中才會將它們釋放。

夢中哭泣的積極意義

◆ 潛意識自我調節：讓你不必透過生病來釋放壓力，而是以情緒出路排除
◆ 提醒你有事還沒處理：不是忘記了就沒事，而是還沒說出來
◆ 幫助你認識自己真實的渴望與痛點
◆ 讓情緒有出口，不再封閉堆積
◆ 夢不是情緒的敵人，它是你感覺系統的解壓工具。

如何善用這種夢來釋壓？

◆ 醒來後記下夢境與哭泣的情緒來源
◆ 與信任的人談談夢中的感覺，不一定是內容
◆ 寫一封「對夢中自己說的信」，讓情緒出口延續到現實
◆ 允許自己在白天也可以表達脆弱，而不是等到夜裡

088

■ 第七節　夢見親人出事：過度責任感的投射

● 夢裡的眼淚，是你心裡最深的真話

當你在夢中哭泣，不要覺得丟臉，也不要急著忘記。那不是夢而已，那是你太久沒釋放的情緒。

夢讓你明白：你不必永遠堅強，也不必永遠把一切藏起來。你可以在夢中哭泣，是因為你的潛意識知道：你需要一次真正的釋放。

哭完的你，不是更弱了，而是更完整了。

第七節　夢見親人出事：過度責任感的投射

你是否曾夢見親人發生意外、罹病、走失，甚至過世？那一刻你在夢中心驚膽跳，醒來時胸口沉重、情緒尚未平復。許多人會為此感到不安，甚至懷疑自己是否「詛咒」了家人。但其實，這類夢多半與「過度責任感」有關，而非真實的預兆。

本節將深入解析夢中親人出事的心理意涵，說明這類夢境為何反覆出現，以及它如何映照我們對家庭、關係、義務與無力感的情緒投射。

第二章 夢裡總在逃什麼？—焦慮與壓力的夢境暗示

為什麼總是夢見家人出事？

夢境並不是預言，也不是現實的提前預告。當你頻繁夢見家人發生意外、被攻擊、受傷，甚至死亡，其實反映的是你「內心過度在意對方」，以及你對無法保護、無法掌控局勢的深層焦慮。

這些夢境背後常見的心理背景包括：

◆ 無法控制對方的命運或健康的無力感
◆ 對關係中未竟之事感到內疚
◆ 擔心自己能力不夠，無法照顧好對方

潛意識透過「失去親人」的劇情讓你面對這份壓力與矛盾。

親人出事是「你心中最怕的劇本」

我們對親人最深的焦慮，通常不會在白天說出口。你或許會表現得很理智、很堅強，但夢會把「最怕的事」具體演出——因為你害怕失去，夢才把「失去」拉到你面前。

這些夢劇情不斷出現，是潛意識在說：「你在害怕，但你沒有讓自己承認它。」

090

■ 第七節 夢見親人出事：過度責任感的投射

■ 這些夢代表「我對他們太在乎了嗎」？

不是「太在乎」，而是「太想控制」。當我們過度責任於某人（如父母、小孩、伴侶），我們會潛意識地想成為他們生命中的「守護者」。一旦現實告訴你「你無法控制一切」，這份挫折感就會轉化為夢境中的災難場景。

你不是詛咒他們，而是夢境在幫你練習「面對無力」的情緒。

■ 這些夢常出現在哪些時期？

- ◆ 家人健康變化、醫療事件發生後
- ◆ 關係疏遠或溝通不良時
- ◆ 家中角色變動（如成為父母、照顧者）
- ◆ 面臨無法常陪伴親人時（出國、搬家、工作忙碌）

這些變化會讓潛意識產生「我做得不夠好」、「我沒盡責」的感覺，而這些情緒會化為夢中劇情重播。

第二章　夢裡總在逃什麼？—焦慮與壓力的夢境暗示

不同類型的夢中親人災難，其實說的是你的情緒

◆ 親人走失：你可能感到對方越來越陌生、聯繫減弱，或害怕被拋下
◆ 親人罹病：你覺得對方脆弱，而你無法保護或改變現狀
◆ 親人過世：你可能未處理完一段哀悼情緒，或潛藏著「我沒能守住他」的內疚
◆ 親人受傷卻不讓你幫忙：代表關係中的無能為力與溝通困難

這些情節其實不是預知災難，而是內心壓力的劇場。

夢中親人象徵的不只是他本人

夢中的「母親」、「父親」、「孩子」有時並不代表現實中的那個人，而是象徵某種心理角色：

◆ 母親：象徵滋養、自我照顧能力
◆ 父親：代表規範、自我控制、目標與安全感
◆ 孩子：反映你內在的脆弱與渴望被照顧的需求

如果你夢見「母親受傷」，也可能是在說你最近無法好好照顧自己；夢見「孩子走失」，或許反映你內心那個沒被好好安撫的部分。

092

第七節　夢見親人出事：過度責任感的投射

這些夢境讓你醒來懊惱，該怎麼辦？

夢境讓你緊張是正常的，關鍵是你要回頭看夢帶來的感覺⋯

◆ 你是否長期背著對某人的「心理責任」？
◆ 你覺得有什麼事「沒做夠」、「沒說出口」嗎？
◆ 你是責怪自己嗎？

試著寫下夢境，並問自己：「我真的對這個人有這麼多責任嗎？還是我把對方的一切當成自己的責任了？」

這些夢境其實在要求你學會放手

很多照顧者、母親、長子長女常做這種夢，因為他們總覺得⋯「一切都要靠我」、「我不能讓家人有任何風險」。

夢境透過模擬「最糟的情境」，讓你練習接受⋯「我不能控制全部，但我已經做得夠多了。」

這是責任感成熟的開始，不是放棄，而是「不再扛全部」的心理重建。

第二章 夢裡總在逃什麼？—焦慮與壓力的夢境暗示

如何將這些夢化為力量？

◆ 寫信給夢中的那位親人，寫下你對他的擔憂與歉意
◆ 練習將「你該負責的」與「你不能控制的」分清楚
◆ 練習表達愛與感謝，而非只用焦慮包裹關心
◆ 嘗試與親人談談你對他的擔心，不求解決，只求連結

夢說「你很愛他，但你也該放過自己」

夢見親人出事不是壞兆頭，而是潛意識在說：「你很在意，但也累了。」

你不能保護所有人、預防所有事，但你可以學會釋放責任感中那些過重的部分。

你不應該只是焦慮的變形。夢提醒你：你需要好好地愛，也需要好好地放下。

094

■ 第八節　有些夢讓你醒來心跳很快？自律神經有話說

第八節 有些夢讓你醒來心跳很快？自律神經有話說

有沒有那種夢讓你驚醒之後，發現自己心跳加速、呼吸急促、滿身大汗，甚至一時無法回到現實？夢裡的情節或許你已經忘記，但身體的反應卻騙不了人。這不只是夢太逼真，更可能是你的自律神經正在「夢後繼續工作」。

本節將帶你認識夢境與身體反應的連動關係，說明為什麼某些夢會讓你心跳加速、肌肉緊繃，甚至出現猶如驚嚇過後的症狀。我們會用簡單易懂的方式說明什麼是「自律神經」，以及它如何在你做夢的時候悄悄主導整個身心反應。

■ 自律神經是什麼？它為什麼影響夢境？

自律神經是你身體裡負責「不經你意識控制」的運作系統，包括心跳、呼吸、腸胃蠕動、出汗、體溫調節等。它主要分成兩個系統：

◆ 交感神經：負責緊急應對（讓你準備逃跑、戰鬥，像是加快心跳）
◆ 副交感神經：負責修復與休息（讓你放鬆、入睡、身體恢復）

095

第二章　夢裡總在逃什麼？—焦慮與壓力的夢境暗示

為什麼某些夢會啟動交感神經？

當你夢見：

◆ 被追殺
◆ 身處災難場景
◆ 面對恐懼、羞辱、失控場面
◆ 或任何劇烈衝突

你的大腦雖知道這是夢，但自律神經「不會分辨虛實」，仍會啟動「生理求生反應」。所以你醒來後會心跳加快、出汗，甚至覺得「彷彿真的歷經一場災難」。

這是因為⋯你的身體把夢當成現實在處理了。

白天你面對挑戰時交感神經會啟動，晚上睡覺則以副交感神經為主。但在「做夢」時，這兩者的平衡可能會被打破，特別是當夢內容涉及強烈情緒時。

第八節　有些夢讓你醒來心跳很快？自律神經有話說

身體在夢中是醒著的嗎？

從神經生理的角度來看，你在「做夢」的時候，大腦的某些區域非常活躍——特別是與情緒與記憶有關的部位（例如杏仁核、海馬迴）。

但身體呢？

其實在快速動眼期，身體會被「部分癱瘓」，這是為了避免你把夢中動作真的做出來。然而，內臟系統、自律神經仍保持運作，這就解釋了為什麼你雖然躺在床上不動，卻心跳加快、手心冒汗。

這樣的夢是不是代表我壓力太大？

這不一定。但它確實是身體在說：「我還沒進入真正的休息狀態。」

可能原因包括：

◆ 白天壓力太大，未適當釋放
◆ 睡前情緒激動（如吵架、焦慮、用手機接收大量刺激）
◆ 睡眠環境干擾（如過熱、噪音）
◆ 內在焦慮長期堆積，夢中才會「爆發」

這些因素都可能讓你的身體即使在睡覺，也仍處於「準備反應」的狀態。

第二章　夢裡總在逃什麼？—焦慮與壓力的夢境暗示

■ 這種夢與夢魘有什麼不同？

「夢魘」是夢的一種，通常指強烈不舒服、驚恐感重的夢，但不一定會有「身體反應」那麼劇烈。

而這種會讓你心跳加快、驚醒甚至坐起來喘氣的夢，則可能屬於「生理反應型夢境」。

如果你經常經歷這種情形，可能與以下因素有關：

◆ 情緒壓抑或創傷經驗未被處理
◆ 睡眠品質差（如淺眠、多夢）
◆ 自律神經失調（交感神經過度活躍）

■ 怎樣才能分辨這是「夢境驚嚇」還是「身體問題」？

◆ 如果醒來後很快平復，通常是夢造成的反應
◆ 如果醒來後持續胸悶、喘不過氣、心跳不規律，建議就醫檢查
◆ 若伴隨「驚醒時手腳抽動、無法呼吸」，可能涉及睡眠障礙（如夜間驚恐、睡眠呼吸中止症）

簡單說，如果這種夢影響你正常作息或情緒平穩度，請正視它，而不是單純忍耐。

098

■ 第八節　有些夢讓你醒來心跳很快？自律神經有話說

這些夢是在說什麼？

夢是潛意識的劇場，但也是「神經系統的對話」。當你夢中經歷一場心跳加速的情節，其實是在釋放那些你日間無法處理的壓力：

◆ 無法說出口的情緒壓力
◆ 擔心重要他人安危、工作表現
◆ 怕自己做不好、失去控制

夢透過身體幫你說出：「我已經累了」、「我需要休息了」。

如何減少這類夢境？

◆ 睡前儀式：讓身體知道可以放鬆，例如泡腳、冥想、閱讀放鬆性的文字
◆ 避免睡前高度刺激的資訊：手機滑太久、驚悚影片、激烈討論都會延後副交感神經啟動
◆ 每天有意識地釋放情緒：找時間寫日記、聊天、運動
◆ 建立睡眠空間安全感：減少干擾（光、聲、溫度）、調整床墊與枕頭舒適度

099

第二章　夢裡總在逃什麼？——焦慮與壓力的夢境暗示

■ 這些夢其實是自我防禦系統在提醒你

與其說這些夢是在「嚇你」，不如說它們是在「保護你」。你的神經系統很聰明，它知道你在日常沒空處理這些壓力，就幫你夜裡轉化出來。

雖然這樣的夢不舒服，但它們不是敵人，而是訊號。學會辨識它，你就能更好地照顧自己。

■ 夢在說「你需要真正的放鬆」

當一場夢讓你驚醒、心跳加快，別急著排斥它。它不是壞夢，而是你身體說：「這一段時間，我真的撐得有點久了。」

自律神經無聲地工作，但夢讓你「看見」它的辛苦。你不需要每天都強撐，只要你願意為自己創造放鬆的空間，你的夢也會慢慢轉變成安穩的訊息，而非警報聲。

100

■ 第九節 一醒來就忘，但感覺怪怪的？夢後情緒效應

第九節 一醒來就忘，但感覺怪怪的？夢後情緒效應

你是否曾經醒來時感到心情低落、焦躁、壓力沉重，但卻完全記不得自己夢到了什麼？或是醒來後腦袋一片空白，卻有股莫名的不安、惆悵甚至心煩？這些感覺既真實又難以言喻，讓人懷疑是不是「有什麼事情遺落在夢裡了」。

這一節要談的，是一種很常見卻很少被討論的現象——夢後情緒效應。即使你記不得夢的內容，夢中的情緒仍會「殘留」在你醒來後的心境裡。

■ 夢可以不記得，但感覺會留下來

我們的夢不只是畫面和劇情，它們更重要的是「情緒」。而根據心理學觀點，情緒記憶的殘留比畫面更深層、更持久。

所以，即使你醒來後記不得夢的內容，你依然會帶著夢中情緒醒來。那種「怪怪的」、「沒發生什麼卻心很累」的感覺，就是夢的情緒還在作用。

101

第二章 夢裡總在逃什麼？—焦慮與壓力的夢境暗示

夢中情緒如何殘留到現實？

我們的大腦會在做夢時活化情緒相關區域（如杏仁核），這些區域與記憶系統（如海馬迴）互相連動，但兩者強度不一。

簡單來說：

◆ 情緒比事件更容易留下來

畫面可能被大腦清除，但感覺卻「卡在身體裡」

◆ 這就解釋了為什麼你醒來時會感到心情低落、焦慮、空虛，卻無從解釋來源。

常見的夢後情緒效應有哪些？

◆ 莫名的心煩：可能夢中經歷了挫折或衝突場景

◆ 持續的悲傷感：夢中可能重現某種失落或哀傷經驗

◆ 焦慮不安：象徵你夢中處在壓力情境中，如被追趕、找不到方向

◆ 易怒與低容忍度：夢可能激發了內在未解的憤怒或壓抑

◆ 空虛感與失落：夢中可能有離別、被拋棄、失聯等隱喻

這些情緒是潛意識的「副產品」，不是夢的錯，而是你潛在情緒的延續。

102

■ 第九節　一醒來就忘，但感覺怪怪的？夢後情緒效應

為什麼夢會影響我醒來後的一整天？

夢是夜間潛意識在「整理你白天情緒」的過程。但如果情緒太強、太深，或是白天根本沒機會處理，它就會在夢中「未竟」——也就是：情緒劇情沒演完，醒來後仍懸在心頭。

而這些殘留的情緒如果沒有被覺察、處理，很可能影響你整天的情緒穩定度、人際互動甚至判斷力。

夢後情緒不一定與夢內容對應

有趣的是，許多人的夢後情緒其實與夢境畫面「完全不一致」。你可能夢到去旅行，畫面看似輕鬆，卻醒來感到空虛；或是夢中有朋友陪伴，醒來卻覺得被遺棄。

這表示：夢的劇情只是「外殼」，真正影響你的，是夢中你對那個經驗的感受。情緒才是真正的核心，不是場景或事件。

夢後情緒與真實情緒的差異

夢後情緒有時像「情緒的幽靈」，它不像現實情緒有明確對象或情境。這讓你更難處理它，因為：

第二章　夢裡總在逃什麼？—焦慮與壓力的夢境暗示

- 你不知道自己為什麼難過
- 你找不到出口去安撫它
- 你甚至懷疑這是不是自己想太多

但其實，夢後情緒是真實存在的心理反應，它值得被對待，就像日常中任何一種情緒一樣。

如何辨識這是夢後情緒效應？

- 一醒來就有強烈情緒，卻想不起夢的內容
- 整天都感到低落、心煩，卻沒有明確生活事件觸發
- 每次睡醒後都有類似情緒出現，且週期性重複

當你符合上述兩點以上，很可能就是夢後情緒在影響你。

如何處理夢後情緒？

- 命名感受：即使不知道來源，也嘗試說出「我現在覺得……」
- 書寫釋放：寫下醒來後的感覺，有助於情緒具體化與轉化

104

第九節　一醒來就忘，但感覺怪怪的？夢後情緒效應

◆ 溫和活動：運動、泡澡、散步都有助於身體釋放緊張與情緒殘留
◇ 允許自己不用找到理由：有時夢後情緒只是需要被感受，不一定要被理解

這些夢是什麼在說話？

夢後情緒是在提醒你：「某些感覺被藏得太深了，它們需要一個出口。」

它們不是夢造成的問題，而是夢讓你「看見了問題」。你越忽略它，它越會用各種方式提醒你它的存在。

這是潛意識對自我照顧的召喚。你可以選擇正視它，或再次壓抑，直到下次它又在夢中回來。

你醒來的感覺，是夢最後留給你的提示

即使你不記得夢的內容，夢後情緒也可能影響你的一天，甚至你的判斷與關係。

夢是潛意識的語言，而夢後情緒，是那段語言的尾音。它說：「你累了嗎？你有什麼還沒說出口的感覺？」

下一次醒來時，如果感覺怪怪的，請不要忽視它。那不是你的問題，而是你內心真正的聲音正在對你說話。

105

第十節 如何讓焦慮的夢少一點？放鬆睡眠技巧分享

如果你曾因為夢到趕不上考試、無法完成工作、親人出事或被人追殺而在半夜驚醒，那你並不孤單。這些夢境，正是我們潛意識在告訴我們：你最近太緊繃了。

這一節將不再聚焦於解析夢的意義，而是從「實際可行的睡前放鬆技巧」切入，幫助你建立更安穩的睡眠節奏，降低焦慮型夢境的出現頻率，讓你每晚都能真正休息。

■ 為什麼焦慮會影響夢境？

當人處於焦慮狀態，大腦的「杏仁核」（負責處理恐懼）會變得異常活躍。這種狀態會延續到夜間，即使睡著後，腦部仍在「模擬可能的危險」。而夢境，就是這種模擬行為的結果。

焦慮的夢不是夢的錯，是你整體壓力調節機制還沒完全放鬆。

■ 睡前三大放鬆原則：讓腦與身體都「慢下來」

◆ 降低刺激：關掉燈光、停用手機、避免看緊張的劇情

◆ 建立固定儀式：如熱水澡、靜坐三分鐘、重複聽同一首輕音樂

106

第十節 如何讓焦慮的夢少一點？放鬆睡眠技巧分享

◆ 讓身體先放鬆：用溫和動作告訴身體「準備睡覺了」

呼吸練習：啟動副交感神經的第一步

最簡單也最有效的放鬆方式，是正確的深呼吸。建議試試 4－7－8 呼吸法（快速入睡呼吸法）：

◆ 吐氣秒
◆ 憋氣秒
◆ 吸氣秒

這種節奏能明顯降低心率，讓腦部從警戒狀態轉為放鬆狀態。建議睡前連續做四次。

身體掃描法：鬆開你不知道在緊張的肌肉

躺在床上後，從頭頂開始，慢慢「掃描」身體各處，試著感覺：

◆ 額頭是不是皺著？
◆ 下巴是否緊閉？

107

第二章　夢裡總在逃什麼？—焦慮與壓力的夢境暗示

書寫卸載法：讓白天的雜念出場

夢裡反覆出現工作、人際、家庭焦慮，往往是因為大腦還在「處理白天的未完成事件」。你可以在睡前花分鐘寫下：

◆ 今天讓你感到焦慮的事情
◆ 明天再處理也沒關係的事
◆ 你願意「暫時放下」的煩惱

這是一種「睡前卸載」，讓你有意識的關掉腦中的待辦清單。

記憶。
一邊掃描一邊對自己說：「這裡可以放鬆了。」重複這個過程有助於解除潛意識裡的肌肉張力

◆ 背部是否僵硬？
◆ 肩膀是否抬起？

108

第十節 如何讓焦慮的夢少一點？放鬆睡眠技巧分享

視覺放鬆法：想像一個安全空間

閉上眼睛，想像自己在…

◆ 柔和光線灑落的房間
◆ 漂浮在湖上的小船
◆ 某個森林小屋

不必真實，只要你感覺安全與平靜。把所有感官都帶入那個場景——你聽見什麼？聞到什麼？觸感如何？

這種「想像練習」能讓情緒與神經系統從高張狀態回歸安穩。

放鬆語言：告訴身體可以停工了

你也可以對自己輕聲說出類似這樣的話語…

◆ 我已經盡力，現在是休息的時間
◆ 所有的事明天再說，今晚我只想好好睡覺

第二章　夢裡總在逃什麼？—焦慮與壓力的夢境暗示

◆ 我值得一夜安穩的睡眠

這些語言是對身心的「安心提示」，幫助你轉換狀態。

常見問題：我做了還是睡不好怎麼辦？

若以上技巧都嘗試過，仍然長期做焦慮的夢，建議檢查以下幾點：

◆ 是否習慣晚睡？→睡眠週期被打亂，影響夢的質地
◆ 是否白天壓力過大？→無時間釋放，夜間壓力爆發
◆ 是否有未解的創傷或哀傷？→夢境成為情緒出口

這些都需要進一步從生活節奏、心理支持甚至專業諮商著手處理。

■ 不是不要做夢，而是讓夢不再焦慮

夢是必要的生理與心理現象，我們無法也不需要「停止做夢」，但我們可以影響夢的「內容」與「氛圍」。

越能讓身體在入睡前安心，越有機會讓潛意識進行「平和的整理」，而不是「焦躁的模擬」。

110

■ 第十節　如何讓焦慮的夢少一點？放鬆睡眠技巧分享

■ 放鬆不是奢侈，是你對身體最溫柔的照顧

別再以為焦慮夢是理所當然，也別以為你只能忍耐這些夢的出現。你可以透過日常的放鬆練習，重新拿回夜裡的主控權。

夢不一定都要美麗，但你的夜晚，應該是安全的。

睡前對自己說一句：「今晚，我選擇安心入睡。」你會發現，夢也會溫柔許多。

第二章　夢裡總在逃什麼？—焦慮與壓力的夢境暗示　■

第三章

夢中的「那個人」為什麼又出現了?

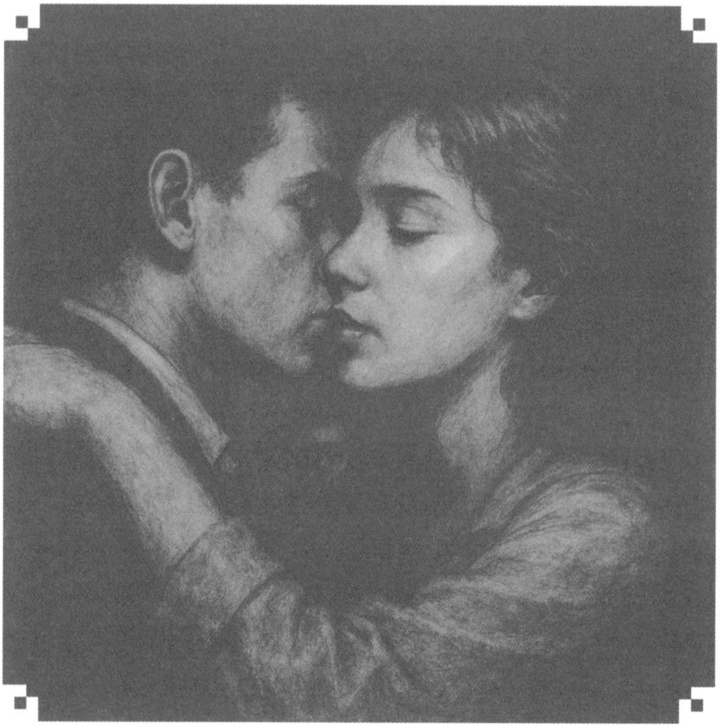

■ 第一節　為什麼會夢見前任？情緒未完待續

第一節 為什麼會夢見前任？情緒未完待續

你醒來的那一刻，夢裡的他還歷歷在目——你以為早就放下的那個人，怎麼又在夢中出現了？無論夢中你們是擁抱、吵架、擦肩而過，甚至只是彼此對望，這些看似偶然的夢境，其實都可能暗藏你未解的情緒、遺憾或渴望。

本節要探討的是：「為什麼夢裡常常出現前任？」這不代表你還愛他，也不是你想復合，而是潛意識用這個熟悉的面孔，來表達你尚未完成的內在對話。

■ 夢見前任不代表你還愛他

這是最常見的誤解之一。其實夢見前任更常發生在：「你正在面對與情感有關的新挑戰」、「你正在建立新的關係」、「你正在修補對自我的認同感」。前任的出現，往往是一種「舊經驗的投射」，而非「舊愛的召喚」。

■ 夢中的前任，是你情感成長的見證人

每一段感情都是一段自我經歷的記錄。當你夢見前任，潛意識可能在回顧：

115

第三章 夢中的「那個人」為什麼又出現了？

◆ 那段關係中你學會了什麼？
◆ 有哪些感受當時沒有說出來？
◆ 你現在的自己，是否已和當時不同？

夢透過前任的影像，把「那時候的你」喚醒，讓你回頭檢視情感歷程。

夢見前任的五種心理可能

1. 未竟情緒浮現
   你可能還沒對那段關係真正說再見，夢是情緒的補償機制。

2. 對當下感情的不安
   潛意識拿以往經驗來比對現在關係的安全感與穩定性。

3. 自我價值感波動
   前任的形象有時代表「我曾經是怎樣的人」的記憶片段。

4. 懷念被愛的感覺
   不一定懷念對方，而是懷念「有人在乎我」的感受。

116

■ 第一節　為什麼會夢見前任？情緒未完待續

5. 正在經歷類似的情緒

如同樣的冷淡、同樣的吵架模式再度出現，夢會用前任角色重新演出。

■ 為什麼分手多年仍會夢見對方？

情緒記憶並不會隨著時間自然消失。即使你理智上已不再掛念，潛意識中仍有某些「與那段關係連結的情緒記憶」未曾整合。

夢的再現，可能是因為：

◆ 你的人生進入某個相似的階段（例如失業、搬家、失落）
◆ 你最近處於孤單或動搖的狀態
◆ 某個場景喚起舊記憶

這時候，夢會自動「呼叫」舊有的情感模板作為應對策略參照。

■ 夢中的互動內容暗示什麼？

◆ 夢見擁抱和好：可能象徵你渴望內在衝突被整合
◆ 夢見吵架或追問對方：未釐清的問題仍在心裡徘徊

117

第三章　夢中的「那個人」爲什麼又出現了？

這樣的夢是情感回顧，不是復合的徵兆

有些人夢到前任會心中激盪，以爲這是不是命運的安排、是否該聯絡對方。但請小心：這可能只是你內在情感歷程的一次回放。

夢的本質是內在對話，不是對外行動的建議。夢幫你梳理「你與自己的關係」，不是讓你重啟一段舊關係。

◆ 夢見對方冷淡離開：你的自我價值感仍因這段關係有所波動
◆ 夢見自己主動放下：可能是潛意識在替你完成「真正的告別」

請記住：夢中的互動，不一定是對方的形象，而是你對「那段關係中的你」感受的再現。

若目前有伴侶，夢見前任是否代表我有問題？

不一定。這其實是「舊經驗對新情境的回音」。

你可能：

◆ 正在面對感情裡相似的議題（安全感、信任、溝通）
◆ 面對新的情感挑戰時，潛意識想用過去經驗來分析

118

■ 第一節　為什麼會夢見前任？情緒未完待續

◆ 或者，你正經歷某種情緒空缺，潛意識找熟悉角色來填補

這不代表你不愛現在的伴侶，而是你正在回顧自己的情感能力與位置。

■ 怎麼解讀「反覆夢見前任」這件事？

重複夢境常常表示一個「未解任務」或「未完成情緒」。

問問自己：

◆ 這段關係中，我有什麼沒說完？
◆ 對那個時候的自己，我有什麼評價？
◆ 這些夢出現時，我最近生活中是否正處於壓力或轉折期？

這些答案會比夢的畫面更能幫助你理解這個夢的作用。

■ 這樣的夢怎麼應對？

◆ 記下夢境與醒後的感覺：哪一段情緒最強烈？
◆ 分清「對方」與「自我感受」：前任只是投影，重要的是你自己怎麼看待那段經驗

119

第三章 夢中的「那個人」為什麼又出現了？

■ 夢中的前任，是你情緒轉折的觸媒

夢見前任，往往不是關於他，而是關於「你」。

是關於你曾如何去愛、如何被對待、如何離開與被離開；關於你現在是否對自己情緒有更多理解、是否能夠與過去的經驗和解。

夢在替你說：「你還有話沒說完，你的情緒還沒整合完。」

而當你願意傾聽這場夢的話語，你就更靠近一個成熟、完整、有力量去愛的自己。

◆ 寫一封信給過去的自己⋯寫給那段感情中的自己，釋放未竟的話語

◆ 提醒自己⋯夢是整理，不是指示⋯不需因夢而做出現實中過度反應

■ 第二節　夢中的對手是誰：當情緒陰影化身為敵人

第二節 夢中的對手是誰：當情緒陰影化身為敵人

■ 夢裡的衝突，從何而來？

你是否曾夢見一個讓你不寒而慄的對手？他可能是曾經讓你痛苦的人，也可能是模糊不清、面目不詳的角色——他追逐你、攻擊你、羞辱你，讓你驚醒於冷汗與恐懼中。你疑惑：「為什麼會夢到這種人？」但更深一層的問題是：「他為什麼總是在你最脆弱的時候出現？」

這樣的夢，其實並不是在重播傷害本身，而是在揭示你內心未完成的對話。夢中的「敵人」，有時是他人，有時卻是你自己。你的潛意識正透過他們，邀請你去看見那些你曾經逃避的傷口與真實情緒。

■ 陰影自我：你不想看見的那一面

心理學家榮格（Carl Jung）提出「陰影自我」（Shadow Self）的概念，指的是我們性格中被壓抑、被否認、不願接受的那部分。當你總是扮演堅強的人，夢可能出現一個弱小而驚慌的你；當你壓抑怒氣，夢中可能出現一個不斷激怒你的人——那不是別人，而是你被壓制的那一面在說話。

121

第三章　夢中的「那個人」為什麼又出現了？

夢裡的敵人，是你的情緒代言人。他出現的目的，不是為了攻擊你，而是提醒你：「我存在，請你看見我。」

■ 情緒的鬧鐘：從「那個人」看到「那段經歷」

夢境不重現事件，而重現感覺。你夢見一個你討厭的人，也許他代表：

◆ 一段讓你失望的關係
◆ 一種你極力否認但其實擁有的特質
◆ 一個你逃避卻仍然影響你的決定場景

這些角色不一定是你想起來會痛的人，但他們身上有情緒重量。潛意識選擇他們，不是巧合，而是因為你與那份未處理的情緒還有未完的帳。

■ 重演衝突：夢是內在的排練舞臺

在夢中，你可能終於鼓起勇氣說出那句在現實中咽下的話，或是做出一個現實中你不敢做的決定。你大罵對方、甩門而去、揭穿謊言——這些戲劇性情節，是你的情緒在夢中進行情緒補償。

122

■ 第二節　夢中的對手是誰：當情緒陰影化身為敵人

夢是安全的舞臺，你可以自由試錯、試說、試著發聲。這種模擬，是一種無害的自我訓練，也是一次勇氣的演練。

■ 脆弱時刻的夢境啟示

惡夢往往在心理狀態不穩時出現。當你正在壓力底下掙扎、懷疑自我或感情失衡，夢中的敵人會像個催化劑，把那些你壓抑的焦慮與情緒全數推到你眼前。

這不是懲罰，而是一種「內在危機通報」。敵人不是為了傷害你，而是提醒你：有什麼東西該面對了。

■ 夢裡的敵人，其實是你壓抑的自己

你可能夢見某個嚴厲的老師、一位高高在上的主管，甚至是一個虛構角色，不斷貶低你、追趕你、羞辱你。這些人物所說的話，或許正是你內心對自己的質疑⋯

◆「我是不是真的不夠好？」
◆「我那時候為什麼沒反擊？」

123

第三章　夢中的「那個人」爲什麼又出現了？

◆「是不是都是我的錯？」

夢中這些角色，是你內在的批判聲。他們的存在，提醒你：你還沒原諒自己。

■ 重複夢境：未解的情緒仍在敲門

有些夢一再重演：相同的地點、相同的對手、相同的結局──你始終無法逃脫、無法反擊。這種重複，是潛意識在提示你：「這個問題你沒有處理完。」

當你一再夢見過去的霸凌者、失和的親人，或讓你羞愧的戀人，請別急著認為是陰魂不散。更可能的是，你對那段經歷還卡在某種情緒裡。

■ 敵人也是渴望：未整合特質的反射

你夢見一個自私的人惹怒你，但其實你也渴望能多愛自己一點；你夢見一個具攻擊性的人讓你恐懼，但你內心也想擁有不再被欺負的力量。

夢裡的敵人，反映你不願承認、卻正在呼喚你的那一面。他不是你的對立面，而是你尚未拿回來的特質。

124

■ 第二節　夢中的對手是誰：當情緒陰影化身爲敵人

■ 和解的夢，象徵你的成長

當你夢見與過去的對手談話、和解，甚至攜手完成某件事，那不是你對對方改觀，而是你與那段記憶、那份情緒，找到了新的關係方式。

這樣的夢意味著：你開始放下對抗，轉向理解。不是接受對方做的事，而是你不再讓那段經驗定義你。

■ 與敵人對話，是與自己和解的開始

下次夢見那個你害怕、厭惡或反感的人，請試著這麼問：

◆「他代表我什麼未被處理的情緒？」
◆「他身上的特質，我是否也有？」
◆「我在夢裡的反應，是逃避還是面對？」

你可能會發現，那場夢裡最重要的不是對方怎麼做，而是你選擇如何回應。

125

第三章　夢中的「那個人」為什麼又出現了？

■ 面對這類夢的方法

(1) 記錄夢境情節與你的情緒反應

(2) 問自己：這個人代表我哪一段未完成的情緒？

(3) 畫出夢中場景，釐清你在其中的角色定位

(4) 與信任的人談談夢中你的個人情緒，而非事件本身

(5) 提醒自己：夢是對話，不是復仇

■ 夢，不是懲罰，而是鏡子

夢中的對手，無論是過去的傷害者，還是面目模糊的陌生人，都有一個共同點：他反映了你內心某種還在發聲的聲音。這不是報復，而是情緒的折射。

真正的夢境治癒，不是從「戰勝敵人」開始，而是從「聽懂自己」開始。你越能理解那個讓你驚醒的角色想說什麼，就越能從那段經歷中取回屬於你的力量。

126

■ 第三節　明明沒聯絡很久，為何還會夢到他？

第三節　明明沒聯絡很久，為何還會夢到他？

■ 夢中的突然現身：記憶不是消失，而是潛藏

夢裡那個很久沒聯絡的人——可能是多年未見的同學、前同事，或只交集過一陣子的朋友——突然出現，讓你醒來滿頭問號：「為什麼是他？我好久沒想到這個人了耶？」

這樣的夢境似乎毫無預警，甚至不帶情緒張力，卻又異常鮮明。很多人會好奇：我真的有什麼沒放下的事嗎？但這樣的夢，其實跟感情無關，而是和潛意識如何「檢索記憶」、「整合情緒」有關。

■ 記憶的抽屜再次打開

人腦的記憶儲存並不等同於「你想到的才存在」，許多看似遺忘的人與情節，其實只是被深藏在潛意識裡的記憶抽屜中。夢境，是潛意識自動整理這些記憶的時刻。有時候，一個畫面、一句話、一個轉折，會自動勾連出過去生活中某段模糊卻影響深遠的經歷。那個人，或許只是你腦海中某段舊時光的代表，並不代表你有意識地在想起他。

這種夢的出現，常與你目前的心理狀態有關。如果最近你遇到某些生活轉變，像是進入新工作環

第三章　夢中的「那個人」爲什麼又出現了？

境、結束一段關係、搬家，甚至只是心情特別浮動，潛意識就可能會調出那些「曾在相似情境中陪伴過你」的人。這些出現得毫無邏輯的舊人，並不是要你重新聯絡他們，而是幫你檢視：那段關係、那段時光，帶給了你什麼樣的感覺和心理印象。

■ 舊情緒的浮現與未竟的感受

很多時候，我們以為早就放下的事情，並不是已經處理完畢，而只是暫時收起來沒再碰。夢中的出現，是記憶自行「浮上水面」的訊號，讓你重新看見自己未竟的感受。那段人際關係曾經帶給你的安心、自卑、依賴或挫折感，可能都還悄悄影響著你現在的互動模式與自我形象，只是你還未察覺。

■ 平靜夢境下的微妙震動

最有趣的是，這些夢裡的人物可能完全沒有戲劇化的情節。有時只是與你擦肩而過，或是坐在遠處靜靜看著你，甚至只是背影而沒有真正互動。但你醒來後卻心頭微動，那種「明明什麼都沒發生，卻又有點東西留著」的感受，其實就是潛意識在推你一把，要你去感覺那段塵封的記憶還有什麼話沒說完。

128

■ 第三節　明明沒聯絡很久，爲何還會夢到他？

■ 轉變期的潛意識對照組

這類夢境的出現，常發生在你正在經歷心理轉變的時期。當你面臨一個抉擇、跨過一個門檻，或試圖重建某種關係時，潛意識會自動調出過去的「對照組」人物，好讓你藉由對比，重新定位現在的自己。這種設計不是巧合，而是一種心理上的回顧與重組機制。

■ 內在角色與人生階段的連動

心理學有個觀點認為，我們每段關係都會在內心生成一種角色記憶，構成多重內在人格。那位多年未見的朋友，也許在你的心中，代表著一段自由、一段叛逆、一段還沒完成的自我實現。當你的人生進入新階段，這些舊角色會被叫出來「檢查」是否還適用。如果不再適用，夢就是讓你替他們辦一場無聲的告別式。

■ 夢不是建議聯絡，而是引發自我提問

你並不需要因為這個夢而立刻聯絡對方。夢境不是行動指南，而是心靈對話的舞臺。更值得你注意的是：最近的你，是不是正在思考與人連結的方式？是不是對某段關係的意義產生疑問？還是你想對過去的自己說點什麼？夢裡那個人，只是這一切問題的引子，而答案，其實都還在你心裡。

129

第三章　夢中的「那個人」為什麼又出現了？

■ 解碼夢中互動細節

若你想更理解這些夢，可以回想夢中你們的互動方式——是熟悉還是陌生？是靠近還是疏離？是你主動接近他，還是他只是默默出現？這些細節會映照你現在的人際情境與情感期待。夢是一種心理編碼，透過熟悉的臉孔來講出內在正在思索的問題。

■ 清倉整理的象徵意義

有時候，這種夢境也像是潛意識的資料庫清理。當人生進入某種清倉狀態，它就會幫你整理歷史檔案，提醒你那些過去的片段不是多餘的，而是曾經組成你的材料。

■ 夢裡的人，是你心裡的一部分

所以，與其說「夢到他是不是有什麼預兆」，不如說：「我是不是開始願意面對那段經歷真正帶給我的改變？」夢不是讓你重返過去，而是幫你從過去抽出力量，更穩地走下去。

下一次當你醒來，腦海裡還殘留某個舊朋友的笑容，不妨輕輕地對自己說一句：「謝謝你陪我回頭看看那段路，現在，我準備好繼續前進了。」

130

■ 第四節　夢裡的戀人，其實是你內心的渴望化身

第四節　夢裡的戀人，其實是你內心的渴望化身

■ 一場無名之戀，揭開內心渴望的面紗

你是否曾夢見自己和一位完全陌生的人相愛？他沒有名字，也沒有清晰的過去，你甚至不確定自己是否在現實生活中見過他。但在夢裡，你們卻如此熟悉，親密無間。擁抱、對視、微笑，每一個細節都令人怦然心動。當你醒來，那份依戀與空虛久久不散，腦中忍不住反覆追問：他是誰？為什麼會出現在我的夢裡？

這樣的戀愛夢，並不罕見。也許你從未意識到，它其實是潛意識向你拋出的一道提問：你在渴望什麼樣的愛？你真正想成為誰？夢中那位陌生戀人，或許不是預言中的真命天子，而是你內心尚未面對、卻極為真實的某個情緒片段、一種渴望被愛的模樣，甚至是你一直試圖靠近的那個「理想中的自己」。

■ 理想型的愛，其實是自我渴望的倒影

許多夢裡的戀人都完美得近乎不真實——他溫柔、專注、懂你，說出的每句話都剛好安慰到你內心的缺口。他或許從未真實存在，但他是你心靈裡的「理想型」……你投射出的渴望，你構築的愛情

第三章　夢中的「那個人」為什麼又出現了？

模型，你對完美親密關係的想像集合體。

心理學稱這種現象為「情感投射」：當我們在現實生活中無法實現某些關係、感受或特質時，潛意識便會在夢中創造一個足以承載這些想望的角色。那個夢裡的他，或許正是你想成為的人——自由、坦率、不需討好任何人，也可能是你期盼他人給予你的那種溫柔與肯定。你不是在夢中遇見某個人，而是在經歷內心那個尚未活出的自己。

情緒的出口：當現實缺乏連結，夢就來填補

這樣的夢最常出現在內心處於情感飢渴或壓力時期的階段。例如：

◆ 長期單身，渴望親密卻無處寄託；
◆ 身處冷淡或失衡的關係，卻無法表達不滿；
◆ 情感創傷後的修復期，缺乏陪伴與安慰。

夢提供了一種安全的情緒通道，讓你在不受現實評價與限制的狀況下，經歷一次「完整被愛」的感受。你在夢中不是渴求，而是被需要；不是孤單，而是被擁抱。那段愛情雖然短暫，但彷彿讓你親身體會了一次⋯⋯原來我也值得被這樣深深地愛著。

132

■ 第四節　夢裡的戀人，其實是你內心的渴望化身

■ 陌生人是誰不重要，重要的是他讓你感受到什麼

你可能會想知道：那個夢裡的戀人究竟來自哪裡？其實他多半並不是憑空捏造的幻影，而是你的記憶碎片的重新組合——某個轉身時瞥見的背影、網路上短暫停留的一張臉，或是童年記憶裡曾讓你有安全感的那雙眼神。大腦會自動抓取這些零散的素材，組合成一個「足以容納你情感想像」的對象。

他熟悉、親切，卻又無法指認。因為他的本質不是「一個人」，而是一種感覺：被懂得、被需要、被深深看見的感覺。

你真正戀上的，不是那個人，而是你終於體驗到的「被愛的樣子」。

■ 被壓抑的自我，終於有了說話的機會

夢裡的戀愛經驗，也可能揭示你對某種心理特質的渴望。你可能在夢中喜歡上一個自信、勇敢、界線清楚的人。他不討好、不退縮、勇於拒絕——你羨慕他的姿態，也渴望成為那樣的自己。這時候，夢境不只是慰藉，而是邀請。它邀請你去思考：「我是否也能活得這麼自由而堅定？」

這是一種潛意識的提醒：你已經準備好，不再只做關係中的配角，而是勇敢去創造自己的情感模式。

第三章 夢中的「那個人」為什麼又出現了？

■ 醒來之後的落差，是夢對真實的對照

為什麼這類戀愛夢會讓人如此心醉，甚至夢醒後久久無法釋懷？因為它觸碰到你內心深處最敏感的那塊情感核心——「原來我可以這樣被理解與珍惜」。

這段夢中的戀愛，是一場心靈編織出的療癒劇本。它沒有現實的限制，也沒有角色負擔，你可以全然做自己，體會一段不帶恐懼、不怕失敗的愛情經驗。而醒來的瞬間，就是這份完整與匱乏之間的斷裂。你突然被抽離回現實，才發現自己一直以來多麼渴望這樣的被擁抱、被傾聽、被接納。

■ 探問自己，而不是尋找他

這類夢最大的價值，不在於分析那位夢中戀人是誰，而是它替你打開了一扇自我探索的門。你可以問自己：

◆ 最近的我，是否在情感上有些空虛？
◆ 我渴望的是某個人，還是一種被理解與陪伴的狀態？
◆ 我是否在逃避現實關係中某些不敢面對的情緒？
◆ 我對親密關係的期待，是不是其實反映了我想對自己更溫柔？

這些問題，往往比夢境本身更具有啟發性。因為它們不是要你解謎，而是要你照見自己。

134

■ 第四節　夢裡的戀人，其實是你內心的渴望化身

■ 愛情夢，是潛意識對自我最深的呼喚

我們常以為愛情夢是浪漫幻想，其實它更像是一場自我覺察的過程。夢中的戀人，是你心裡真實存在的願望與渴求的容器。他們讓你看見自己渴望的愛與自我價值，也提醒你不需要靠別人來完成這些。

當你理解了夢的語言，也就能更有意識地回應自己的內在需求。你不再只是等待愛的到來，而是學會用愛對待自己、了解自己，進而建立更成熟、更清明的親密關係。

■ 愛的理想型，不只是他，更是你自己

所以，下次再夢到那位無名戀人，請別急著醒來。讓他帶你看見你心裡真正的渴望與力量。記住，你愛上的那個人，其實是你內心渴望成為的自己——那個自由、穩定、勇敢、懂得愛人也懂得愛自己的你。

與其說夢中的他太完美，不如說你早就準備好，踏上成為自己的旅程。

第三章　夢中的「那個人」為什麼又出現了？

第五節　親人夢中離開：夢的哀傷處理

■ 當離別在夢中重演

有些夢不是溫柔的戀愛，而是沉重的道別。夢裡你看見至親離去、告別、消失，或甚至夢見一場葬禮，醒來之後滿心不捨、眼眶泛紅，彷彿真的經歷了一次失去。這些夢讓人久久無法釋懷，也讓許多人忍不住問：「這是不是預兆？是不是有什麼要發生了？」

其實，親人離世的夢很少真的是預感未來的象徵，它更常是一種潛意識對「哀傷」的整理。這些夢，是你內心還沒來得及釋放的情緒，是你尚未道出的話語，是你壓抑在心底深處的思念或愧疚，透過夢境的形式，尋找出口。

■ 夢是一場延遲的情緒儀式

在人生真正經歷失去時，我們往往來不及處理所有感受。葬禮的儀式、親友的安慰、現實的責任讓我們壓抑了悲傷，也錯過了與逝者「真正道別」的機會。夢，便成了情緒的後補空間。

136

第五節　親人夢中離開：夢的哀傷處理

你夢見親人離去，是因為你內心有話沒說完，有淚沒哭完。夢中重返那場分離，或許讓你有機會再抱一次、再看一眼、再說一聲對不起或我愛你。這是潛意識替你補上的一場延遲儀式。

■ 那不一定是死亡，也可能是距離

夢中親人的離去，有時候指的並不是真正的「過世」，而是象徵「失去陪伴」、「產生距離」或「關係改變」。你可能夢見還活著的爸媽、兄弟姐妹甚至自己的小孩，在夢裡悄然離去。

這樣的夢，其實反映的是你內心的不安——你擔心失去他們、擔心被拋下，或擔心自己在他們生命中的位置改變了。這種情緒可能來自現實生活中一場爭吵、一段沉默或一個冷淡的反應。

■ 夢中的哭泣是潛意識的語言

許多做過這類夢的人，會在夢中哭得撕心裂肺，醒來發現枕頭是溼的。那並不是幻覺，而是真實情緒透過夢的形式找到了出口。

哭，是最原始的情緒釋放方式。當你在現實中無法允許自己「情緒失控」，夢就會接手完成這個任務。它幫你說出你壓著沒說的話，也幫你釋放你不敢面對的哀傷。

第三章　夢中的「那個人」為什麼又出現了？

■ 有些夢，是你與逝者的「最後對話」

對於那些已經離世的親人，夢裡的重逢常伴隨強烈的情感衝擊。你可能夢見他們安靜地坐著、微笑著、對你說一句：「我很好，你要照顧自己。」這不是靈異現象，而是你的心在與記憶裡的他們對話。

這些夢讓你重新連結那份愛，也讓你有機會修補遺憾。它們不見得頻繁出現，但每一次的出現，都有如情緒的通風口，提醒你⋯你還在思念，你還在愛。

■ 為什麼離別夢常發生在重大轉變時？

人生進入重大轉變的時期——結婚、生子、搬家、創業、退休——往往會觸發離別類型的夢。

這些變動象徵一種「身分重組」，而每一次的轉變，都是對舊有依附的一次告別。

夢中的親人出現並離開，常是你潛意識對過往依靠的緬懷與放手，也可能是在告訴你：「你長大了，你該帶著我們的愛繼續往前了。」

■ 別害怕這些夢，它們是療癒的開始

你可能會因這些夢感到害怕、難過，甚至一整天都情緒低落。但請相信，這些夢不是詛咒，而

138

■ 第五節　親人夢中離開：夢的哀傷處理

如何與夢中的哀傷和平共處？

與其壓抑，不如傾聽。你可以在夢醒後寫下那個夢，記下你見到的親人、你們之間的互動，以及你醒來後的感受。試著對他們說話、寫信、或用回憶的方式與他們對話。

你也可以為他們做一件事，例如點一盞燈、寫一句話、做一次回憶的儀式。這些行動會讓你知道，那份愛仍在，而你也可以帶著這份愛往前走。

夢中的道別，是心中的修復

夢見親人的離開，不是壞徵兆，而是你內心在說：「我還在處理這份哀傷。」夢幫你完成道別，讓你有機會把握每一次與記憶相遇的片刻。

別逃避這樣的夢，試著從中理解自己的情緒。因為當你勇敢面對失去，也就開始真正學會怎麼珍惜，以及怎麼放下。

是情緒修復的起點。夢境幫你整理內在的哀傷，讓你在安全、不受干擾的狀態下，好好感受、好好道別。

這不表示你脆弱，而是你正在康復。夢，是一條從思念走向釋懷的橋。

第三章　夢中的「那個人」為什麼又出現了？

第六節　夢見自己變成別人：角色互換的意義

■ 當你在夢中不是你自己

你是否曾經夢見自己「變成了別人」？那個人可能是你認識的朋友、藝人、陌生人，甚至是你討厭或害怕的人。在夢裡，你看著鏡子、伸出雙手、說出話語，卻發現這些動作不再代表原本的你，而是一個全然不同的角色。醒來後，你不禁自問：「為什麼我會夢見自己變成別人？那是誰？那又是不是我？」

夢中的角色互換並不只是戲劇化的情節，它是潛意識用來探索自我認同、情緒轉換與心理重組的方式之一。這樣的夢，往往發生在你正經歷身分掙扎、角色壓力或內在矛盾時期。

■ 多重身分的潛意識模擬

人在日常生活中常常扮演不同角色：你是孩子、父母、朋友、上司、伴侶。在這些角色切換的過程中，難免產生心理負荷與衝突。夢境就像一場「角色排練場」，讓你穿上別人的衣服、站在不同的位置上，重新感受那些你曾經忽略的觀點與情緒。

140

第六節　夢見自己變成別人：角色互換的意義

當你夢見自己變成別人，潛意識可能正在幫你模擬一種「如果我是他」的心理情境。這既可能是對他人行為的理解與同理，也可能是你內心投射的一種渴望或恐懼。

■ 換位體驗的心理意涵

有些夢中的角色互換，是你對他人某種特質的羨慕與投射。例如：你夢見自己變成某位果斷有自信的人，這很可能代表你在現實中渴望具備這些能力。

反之，如果你夢見自己變成某個你不喜歡的人，那可能是一種「自我警訊」——你潛意識在提醒自己正走向一個你不想成為的樣子。這種夢反映出你對自己行為、選擇或處境的某種不安或排斥。

■ 鏡像效應與自我認同探問

夢中變成他人，也可能是你在面對「我是誰」的內在質疑。人在某些階段會對自我產生困惑，特別是當外在環境變動劇烈、生活目標模糊或內心價值觀產生矛盾時。此時夢境會用「成為他人」的方式來進行鏡像比對，讓你重新思考：我和他有什麼不同？我想要變成他嗎？我害怕變成他嗎？

這不只是角色互換，更是一場「自我認同」的對話。

141

第三章　夢中的「那個人」為什麼又出現了？

■ 情緒轉換的載體：從觀察者變成承受者

當你夢見自己變成某個在現實中給你強烈情緒反應的人（可能是你欽佩或怨恨的對象），這其實是潛意識要你「進入他的立場」，感受他所承擔的情緒張力。

例如：夢見自己變成你覺得很強勢的主管，可能代表你潛在對權威角色的焦慮或好奇；又或者，你夢見自己變成小時候被你霸凌過的同學，那可能是一種潛在的愧疚、理解與補償意識。

■ 不同角色，不同視角，打開封閉的感受區塊

當我們總是用「自己的眼睛」看世界，許多感受會被壓抑、遺忘，甚至無法轉化。夢境透過角色的更替，打開這些封閉區塊，讓你體會到其他立場的情緒風景。

這不只是讓你更理解他人，也讓你更有機會重新認識自己。例如：夢見自己變成一個總是被批評的角色，可能反映出你內在的受害感正在尋求被理解與保護；相對地，夢見成為成功人士，則可能是你自信正在成長，潛意識已開始接受自己的潛力。

142

第六節　夢見自己變成別人：角色互換的意義

■ 你不是變成他,而是看見「你也可以是他」

角色互換不代表你就喪失自我,而是讓你透過他人的面貌,看見自己被壓抑、未發展或未允許的部分。夢中那個「他」,其實是你未曾允許自己表現出來的某種潛在面向。

這個過程是潛意識對你的一種邀請——邀請你探索更多樣的自我形象,打破自我限制,認識內心的可能性。

■ 夢是自我角色的試衣間

當你夢見自己變成別人,請不要恐慌。你並不是失去自我,而是正在進行一次深刻的自我試煉。

夢讓你換上不同的角色,演出不同的劇情,是為了幫助你看清:你還有哪些情緒未被認識,你還有哪些特質值得擁抱。

夢,是你內心開設的一間試衣間。每次穿上不同的角色服裝,你都更靠近完整的自己。

143

第三章　夢中的「那個人」為什麼又出現了？

第七節　那些夢裡反覆出現的臉，到底想說什麼？

■ 當某張臉一再重複出現在夢中

有沒有那麼一張臉，無論你多麼努力不去想，卻總會在夢中再次出現？也許是某位舊友、前任、老師、路人，甚至是你已不確定是否真實存在的人。他們總在不同情境中現身，有時帶著情感，有時冷漠無語，卻始終未曾真正離開。這樣的夢讓人感到困惑，甚至焦慮⋯為什麼他總是出現？我是不是該做點什麼？

事實上，夢裡反覆出現的臉，並不是要你對那個人採取什麼行動，而是代表那個「人」背後的某段情緒、記憶或心理議題，仍在潛意識中活躍。那張臉是一種「提醒」，也是一種「等待解讀的訊號」。

■ 記憶與潛意識的深層連結

人類的大腦有種特殊能力：它能選擇遺忘表層事件，卻牢牢記住與情緒緊密連結的記憶。當你夢見一張熟悉的臉，那不一定是因為你思念這個人，而可能是你與這個人有過深刻的互動，並留下尚未

144

■ 第七節 那些夢裡反覆出現的臉，到底想說什麼？

鏨清的情緒痕跡。

這些情緒可能是愛、恨、依戀、羞愧、恐懼或愧疚。當這些感受未被理解或處理時，潛意識會用「那個人」作為象徵，讓這些未竟的情緒再次浮出水面。

■ 夢境重複，是潛意識的「高度提醒」

反覆夢見同一張臉，代表潛意識正強烈聚焦某個議題。你也許試圖在日常中淡化這段記憶，但潛意識知道它還沒結束，所以選擇透過夢境不斷敲門。

這並不是懲罰，而是一種心靈整合的過程。潛意識在說：「這個部分還沒完成，我們得再看一眼。」

■ 他代表的，不只是他自己

夢中出現的人物，很少單純等於現實中的那個人。他們往往象徵著某種心理狀態、未被說出的心聲，或是一種「內在角色」。

例如：你反覆夢見一位曾嚴格要求你的師長，可能不是因為你懷念他，而是你內心那個「自我要求過高、擔心失敗的聲音」正在活躍；或你總夢見前任，並不表示你還愛他，而是你尚未理解自己在那段關係中真正失落的是什麼。

145

第三章 夢中的「那個人」為什麼又出現了？

■ 那張臉，連結了你的某個情緒位置

你可以試著回想夢裡的情境：當他出現時，你是什麼感覺？安心？焦慮？憤怒？遺憾？這些感受比夢中發生的事件更重要。因為他所象徵的，不是事件本身，而是你與「自己某段狀態」的連結。那張臉是一個入口，通往你內心尚未整理好的角落。

■ 為什麼他從不說話，或從不改變？

很多反覆出現的人物在夢中行為單一，甚至始終不發聲。這是潛意識的設計。它要你不去追著他說了什麼，而是專注在你「對他的存在有何反應」。

他的沉默可能象徵你的壓抑；他的距離可能象徵你對親密的恐懼；他的重複出現，則象徵你內心仍在等待某種「圓滿的句點」。

■ 如何與夢中的「反覆角色」對話？

你可以嘗試以下方式理解這些夢：

◆ 寫下夢中他的出現方式與你當下的情緒

◆ 問自己：最近的我，在哪些方面與他的形象重疊？

146

■ 第七節　那些夢裡反覆出現的臉，到底想說什麼？

◆ 想像與他對話，寫出你想說卻未說的話
◆ 留意夢出現的頻率與變化，它可能代表你心理狀態的轉變

這不是儀式，而是一種「心理傾聽」的練習。

■ 夢裡的他，是潛意識想讓你看見的你

那張在夢裡不斷出現的臉，可能不是一個人，而是你自己內在某段故事的投影。每一次出現，都在提醒你：「這段記憶還沒結束，這份感受還沒被理解。」

不要害怕這樣的夢，也不要急著將它解釋成迷信預兆。它是你潛意識最誠實的敘述，是你未竟情感的片段，是心裡還留著的聲音。

下一次再夢見他，請停下來問問自己：「你在我心裡留下了什麼？我是不是也該為這段故事寫下結尾了？」

147

第三章　夢中的「那個人」爲什麼又出現了？■

第四章

迷途心像：從夢境空間探索內在地圖

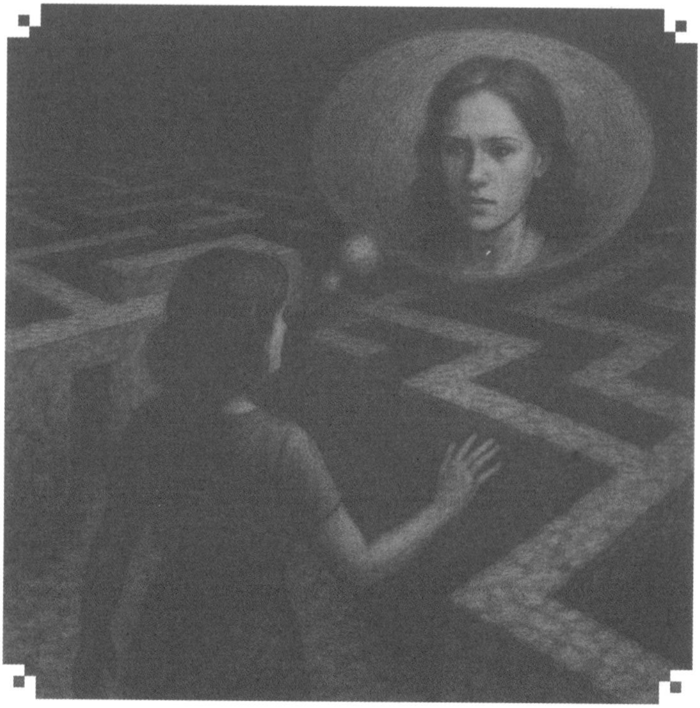

■ 第一節　為什麼老是在夢裡迷路？你在人生找方向

第一節 為什麼老是在夢裡迷路？你在人生找方向

■ 無盡的循環：夢中不斷迷路的你

你是否曾夢見自己走進一條巷弄，怎麼走都找不到出口？或是你在一座城市中穿梭，每轉一個彎都是陌生的街景，無論多努力都無法回到原點？這種「夢中迷路」的情節，不只讓人醒來時滿頭霧水，還會留下深深的焦慮與無助。

但夢境從不無的放矢。如果你經常夢見迷路，那麼這個夢其實在說：你對當下人生的方向感，可能正在迷失中。

■ 「迷路」作為心理隱喻

夢中的場景，往往不是物理空間的再現，而是心理狀態的象徵。「迷路」正是如此。它不是真的路，而是你內心感受到「找不到方向」、「無法決定」、「缺乏安全感」的具體呈現。

這些夢常發生在你面臨轉折點的時候。例如：剛換工作、即將搬家、關係出現變化、計畫失序⋯⋯當你的未來看起來模糊不清，或你不知道下一步該怎麼走，夢就會用「迷宮式的場景」來讓你體會那份迷惘。

151

第四章　迷途心像：從夢境空間探索內在地圖

■ 環境越陌生，內心越沒有答案

許多迷路夢的特徵，是場景格外陌生。這種景象對應的不是記憶，而是你對現況的「陌生感」。

例如：剛升遷卻不知道怎麼帶領團隊、新戀情開始卻仍懷疑自己的價值，或正準備離開一段熟悉的生活模式。這些外在變化激起的不確定感，會在夢中變成一張你無法破解的地圖。

■ 不只方向，也關乎選擇焦慮

夢中的迷路，有時不是找不到出口，而是路口太多、不知道要往哪走。你站在岔路口，每一條看起來都可通又都陌生，這時候的焦慮其實是選擇焦慮。

現代人面對多重選項——人生該追求穩定還是冒險？留在舒適圈還是挑戰新局？要不要放棄？要不要開始？這些問題如果在白天無法決斷，夢就會在夜裡用無盡岔路讓你「練習」焦慮。

■ 有人帶路嗎？夢中的陪伴與孤獨

有些人在夢中迷路時會發現自己完全孤單，也有人會夢見試圖問路，卻沒人理會或總是指錯方向。這些細節都是關鍵線索：

152

■ 第一節　為什麼老是在夢裡迷路？你在人生找方向

同一個夢反覆出現，是內在仍未穩定的跡象

許多人夢見「同一個迷路夢」一次又一次：同樣的城市、同樣的巷弄、同樣的追趕節奏。這些反覆性夢境，是潛意識對未處理議題的提醒。

你也許已經換了環境，但那份「找不到出口」的感受還存在。直到你開始正視問題、做出清晰選擇，或建立新的支持系統，這種夢才會慢慢減少。

◆ 如果你夢中總是一人摸索，可能代表你現實中覺得無人能理解你的難題；
◆ 如果夢中總有人指錯路，可能你正在懷疑你所依賴的他人建議是否真可靠。

這些夢不只是「路的問題」，而是你在問：「我的困惑，有人懂嗎？」

如何解讀自己的「迷路夢」？

與其試圖分析夢中是哪條街、哪個路標，不如問自己：

◆ 最近的我，是不是在人生某處感到卡住？
◆ 有沒有什麼決定我一直逃避？
◆ 我是否在等待別人替我指明方向？

153

第四章 迷途心像：從夢境空間探索內在地圖

◇ 我是否過於依賴他人的認同，而失去自己的導航系統？

這些問題的答案，才是夢真正要你思考的方向。

■ 實際做法：建立「心理地圖」

若你經常夢見迷路，表示你內在急需一張心理地圖來穩定自我。你可以試著：

◇ 每週列出你的目標與困擾
◇ 練習每日寫下「我今天的選擇」，建立當下「心理定位」來增強自我決策感
◇ 找一位能傾聽而非評價的朋友或諮商師，一起釐清路線

這些行動不會立刻讓夢境消失，卻會讓你開始重新拿回人生方向盤。

■ 迷路的夢，是你還在找自己的路

夢中不斷繞路、走不出去、無法回到起點，不是你的錯，而是你的心在說：「我還沒準備好走出去。」

夢不是讓你害怕，而是提醒你：你其實知道方向，只是還在猶豫。請給自己一點時間，慢慢畫出你的地圖。因為每一次迷路，都是你更靠近真實自我的一小步。

154

■ 第二節　夢見高樓、深海、橋梁：心理狀態地圖

第二節　夢見高樓、深海、橋梁：心理狀態地圖

場景的語言：高樓、深海與橋梁不只是風景

夢境中的場景總是讓人印象深刻，尤其當它是高聳入雲的摩天大樓、看不見底的深海，或者一座跨越斷谷的橋。這些空間在夢中常常並非裝飾，而是充滿心理隱喻的符號。夢，不會無緣無故帶你走進這些地點。

如果你經常夢見自己站在高樓邊緣、沉入深海之中，或行走在狹窄的吊橋上，那麼這些畫面其實正是你內心世界的投影。這些場景正以具象的形式，描繪出你當下的心理高度、情緒深度與人生過渡。

■ 夢見高樓：壓力與成就的雙重象徵

夢見高樓，通常與「向上」與「目標」有關。你也許在爬樓梯、搭電梯、站在屋頂，甚至面對從高處墜落的驚險情節。這些畫面表現出你對成就的渴望與恐懼並存的心理狀態。

第四章　迷途心像：從夢境空間探索內在地圖

當你夢見不斷向上爬卻永遠爬不到頂，可能暗示你在現實中不斷追求進步、卻始終感覺不夠；而夢見從高樓跌落，則可能是你潛意識對「失控感」或「害怕失敗」的顯現。高樓不只代表成功，也可能象徵壓力疊加的內在高度。

■ 夢見深海：情緒的無底深淵

夢見深海是一種高度情緒化的象徵，它通常代表潛藏的感受、難以言喻的情緒深層，或是無法控制的內在波動。你可能夢見自己漂浮在海面、潛入水中，甚至被海浪吞沒。

這些夢境可能發生在你經歷一段情感低潮、情緒壓抑或內在孤寂的時候。深海之所以令人不安，是因為它既神祕又危險，正如你內心的某些感覺：你不確定那是什麼，但你知道它很深、很重。

若夢中的你能在水中游動自如，可能代表你開始學習與這些情緒共處；若你在海中掙扎，則顯示你仍在尋找面對情緒的方式。

■ 夢見橋梁：轉換與過渡的象徵

夢見自己走在橋上、站在橋邊或橋突然斷裂，都是潛意識中對「轉變」、「過渡」、「連結」的描繪。橋是兩地之間的通道，它出現在夢中，往往表示你正在某個心理或人生階段的交界處。

當你夢見自己卡在橋中、無法前進，可能是你在現實中正面臨選擇但無法做決定；如果你夢見自

156

第二節　夢見高樓、深海、橋梁：心理狀態地圖

己勇敢走過一座搖晃的橋，則顯示你正在突破恐懼、跨越人生難關。橋是否穩固、是否有人陪你走，也會反映你對未來是否信心十足，或需要支持與確認。

三種場景交織的訊號

值得注意的是，許多夢境會將這些場景交錯結合，例如你夢見在高樓頂端看到海，或從橋上墜入水中。這樣的組合夢境，通常代表你正在多重心理狀態中掙扎或融合。

高樓與海洋之間的過渡，可能象徵你從追求控制與成就（高樓）進入面對內在情緒（海洋）的過程；而橋正是這兩者之間的連結點。

解讀場景的關鍵在「感受」

真正的夢境密碼不在於建築結構，而在於你在夢中感受到什麼。你在高樓是否感到驕傲或害怕？你在海裡是否自在或窒息？你走過橋時是從容還是顫抖？這些感受，比場景本身更能揭露你心理的真相。

夢是一種心理地圖，它沒有文字，只有影像與情緒。學會用感受去閱讀夢中的地理圖像，你會更明白自己的內在風景。

157

第四章 迷途心像：從夢境空間探索內在地圖

■ 夢境場景，是你的情緒定位系統

高樓、深海、橋梁，不是單純的夢中風景，它們是你當下狀態的縮影。當你身陷高處的恐懼、海底的孤獨或橋上的猶豫時，夢其實正在用這些象徵告訴你：「你正處於變化的軸心，請記得，你不是無路可走，而是在學習選擇。」

夢中的場景，是你心靈的地圖，它會告訴你，你在哪裡，又該往哪裡去。

第三節　廁所、電梯、學校：常見夢場景解讀

■ 為什麼這些場景一再出現？

夢中的某些地點似乎特別容易出現，像是廁所、電梯、學校——這些日常生活中熟悉又平凡的地方，卻在夢裡頻繁成為情緒戲劇的舞臺。你可能夢見自己找不到廁所、被困在電梯，或重回學生時代考試遲到。這些情節看似荒謬，但背後其實隱藏著潛意識對壓力、控制、成就與焦慮的深層回應。

158

第三節　廁所、電梯、學校：常見夢場景解讀

夢見廁所：情緒釋放與隱私焦慮

夢見廁所通常跟「壓抑的情緒需要釋放」有關。廁所是我們釋放身體壓力的地方，因此它在夢中象徵著我們希望釋放情緒、處理困擾，或擺脫某些心理壓力。

最常見的夢境是「找不到廁所」、「廁所太髒」、「廁所門打不開」。這些情節反映出你在現實生活中對某些私密情緒的壓抑——你可能不敢表達不滿、不願透露脆弱，或對自我情感的處理感到不自在。

若夢中你終於找到乾淨的廁所並成功如廁，通常代表你正在找到情緒調節與表達的管道，是潛意識對「釋放」的肯定。

夢見電梯：掌控感與自我調整

夢中的電梯，經常代表著我們在心理狀態、職場、社會階層或人生位置上的變動感。你可能夢見電梯上升、下降、卡住、故障或無法按到你要去的樓層。

這些畫面象徵著你正在面對「控制感的動搖」：是否能掌控自己的情緒？是否能推動自己的發展？是否覺得自己被困在某個無法改變的情境中？

若夢中的你是被動的搭電梯，可能代表你感受到生活節奏無法由自己決定；若你是主動按下樓層按鈕，則可能代表你正嘗試重新掌握主導權。

159

第四章　迷途心像：從夢境空間探索內在地圖

電梯夢也可能與「急速轉變」有關，它暗示著你正在進入某個心理或人生的新階段，但對此轉換仍有焦慮。

■ 夢見學校：成就壓力與未完成議題

夢見學校，是許多人反覆經歷的夢境。你可能夢見自己回到教室，忘記作業、趕不上考試或不知道教室在哪裡。這些夢並非真的與學業有關，而是你潛意識在處理「表現」、「評價」、「自我肯定」的議題。

學校在夢中象徵一個被評價與學習的空間，因此常出現在你面對工作挑戰、能力懷疑，或需證明自己的時候。夢中的考試焦慮，對應的是你日常生活中被考驗的感受——你是否正承擔太多、是否不相信自己已經準備好了？

有趣的是，即使你早已離開學生身分，這種夢依舊會反覆出現。那是因為「學校」已成為你心中代表壓力與評價的象徵系統，它被潛意識喚出，成為你自我質疑的投影。

■ 為什麼是這三個場景？

廁所、電梯、學校之所以會成為高頻夢境場景，是因為它們都與「過渡狀態」有關：

160

第三節　廁所、電梯、學校：常見夢場景解讀

◇ 廁所代表由壓抑到釋放的轉變
◇ 電梯代表由一層到另一層的心理浮動
◇ 學校則是由學習到應用、自我懷疑到自我肯定的過渡地帶

這些空間讓你在夢中「練習調整」，是潛意識安排的心理訓練場。

■ 最熟悉的地方，是最誠實的投影

夢中那些看似平凡的地方，正是你日常裡最真實的心理寫照。每次夢見廁所、電梯或學校，都是你心中某種壓力、變動與評價焦慮的出口。它們不是要讓你困住，而是讓你理解自己的內在狀態，學會調節，找到情緒的出口與行動的方向。

下次夢見這些場景時，不妨問問自己：我最近有沒有被評價的壓力？我有沒有想逃避的情緒？我是否在轉換某個心理階段？

夢境，永遠誠實。它用最熟悉的地方，對你說出最不願面對的心事。

第四章　迷途心像：從夢境空間探索內在地圖

第四節　空間轉換夢：當現實感突然斷裂

■ 夢中一秒換場：空間跳躍的意義

你是否曾夢見自己明明在家中走路，下一秒卻出現在學校或不知名的森林？甚至在夢裡場景快速切換，彷彿進入另一個平行時空，毫無邏輯卻又「很合理」的接受這一切？這類夢境中空間快速變化或突兀轉場，反映出的是潛意識對「現實感斷裂」的回應。

夢中的空間不是建築地圖，而是心理狀態的鏡射。當你在夢裡經歷空間劇烈變動，其實是潛意識在反映你當下的心理混亂、身分不穩或現實失控感。

■ 轉場的速度，就是壓力的強度

如果你夢裡的場景變換極快，像是電影蒙太奇般瞬間移動，這往往代表你在現實中面對太多變動與資訊壓力，大腦無法順利整合，因此以「跳躍式場景」的方式呈現混亂。

例如：剛換工作卻還掛念前東家、剛進入一段關係卻又懷疑自己是否準備好、身處新城市卻心繫舊生活……這些內心還沒整合完成的狀態，會在夢中表現為「斷裂式空間跳轉」。

162

第四節 空間轉換夢：當現實感突然斷裂

被轉移的你，是不被說出的你

夢中突如其來的空間轉換，也可能來自你在日常中壓抑的某些情緒。你或許經常在白天對自己說「沒關係」、「先放下」、「之後再處理」，但這些情緒沒有真的消失，它們只是「轉移」到了夢境裡。

夢中的你，被送往另一個場景，其實是一種逃避現實壓力的象徵，潛意識帶你去到「更能承載你情緒的空間」。那裡可能是你童年的家、某個你曾經放鬆的地方，甚至是虛構的安全空間。

空間混合與心理角色衝突

有時候你會夢見「混合空間」：家裡的廚房變成公司會議室、學校教室連接著地下停車場、熟悉街道裡突然插入異國場景。這類夢通常反映的是你當下身分認同混亂或心理角色衝突。

當你在現實中同時扮演多重角色（例如身為主管又是新手父母、在感情中壓抑又在社交中強勢），潛意識會用空間錯亂來模擬你心中的「身分界線模糊」。

空間斷裂背後的現實隱喻

空間斷裂的夢境不只是視覺奇觀，更是一種情緒隱喻：

◆ 夢中突然掉落陌生場景，可能是你對人生缺乏掌控感的呈現。

第四章　迷途心像：從夢境空間探索內在地圖

◆ 夢裡某場景瞬間消失，可能暗示你潛意識在切斷不願再面對的議題。

◆ 一直在找回原本的地方卻找不到，則顯示你正在現實中失去「歸屬感」。

這些夢並非負面，而是提醒你需要開始理解並整理自己的心理位置與情緒重心。

■ 如何面對這種夢？

空間轉換夢不需要你強行解釋地理邏輯，而應該關注以下幾個方向：

◆ 當夢境場景突然轉變時，你的情緒有什麼變化？

◆ 新場景給你的感受是安全、壓迫、陌生還是熟悉？

◆ 是否有其他角色在場，陪伴你或排斥你？

記錄下這些細節，將有助於你更精確掌握自己的心理壓力點與調整需求。

■ 空間轉換，是潛意識幫你找出口

夢中空間快速切換不是錯亂，而是你內在正在尋找出口、重組記憶與情緒的方法。這些夢境正提示你：某些現實壓力已經超出你能用意識處理的範圍。

164

■ 第五節　夢見房子：你內在世界的象徵建築

第五節　夢見房子：你內在世界的象徵建築

■ 一棟房子，藏著多少你的心事？

你是否曾夢見自己住在一棟陌生的大宅、走進一間從未見過的房間，或夢見自己的家忽然變得又大又空？這些夢裡的房子，總帶著某種熟悉又陌生的氣息，讓人醒來後意猶未盡。事實上，房子在夢中是一個極為重要的象徵，它幾乎等同於你整體的「內在世界」。

夢見房子，往往不是單純的場景記憶，而是你對自己心靈結構、人生定位與情緒狀態的反映。那不只是一棟建築，更是你「心理自我」的具象投影。

與其抗拒，不如允許自己在白天也留些空間，好好安頓那些「被強行轉場的心情」。夢境帶你逃走，是希望你回來時，能更穩定地站在自己的位置上。

第四章　迷途心像：從夢境空間探索內在地圖

不同空間，代表不同面向的自我

房子裡的每一個空間，在夢中都有其隱喻意義：

◆ 客廳：象徵你面對外界的樣子與人際互動方式
◆ 廚房：代表你的照顧能力與情感滋養
◆ 臥室：指涉最私密的需求與親密關係
◆ 浴室：與清理情緒、釋放壓力有關
◆ 地下室：通常象徵你壓抑、遺忘或不願面對的記憶
◆ 閣樓：象徵思考、創造力與未實現的潛能

當你夢見某個空間出現異常、失控或封閉時，那正是你的潛意識在提示你「這個部分可能正在失衡」。

房子的狀態，就是你內心的狀態

夢裡的房子如果破損、老舊、漏水、陰暗，往往反映的是你當下心理的疲憊、焦慮或自我價值低落。

相對地，如果你夢見整修房子、裝潢房間，則可能代表你正在努力重建自己的內在秩序。

有時你會夢見搬進新家，找到一個寬敞明亮的空間，那可能象徵你在人生某個階段正迎來心靈的轉變與成長。

166

■ 第五節　夢見房子：你內在世界的象徵建築

■ 走進從未見過的房間，是「探索未知自我」的開始

最令人印象深刻的房子夢，往往是那種「突然打開一扇門，發現原來還有一個空間」的情節。這種夢通常代表你正在開啟對自己某部分的認知，或潛意識邀請你去探索尚未開發的潛能與記憶。

如果你夢中的房間令你感到驚奇、神祕，可能代表你開始接納更多元的自己；但如果那空間令人害怕、黑暗、充滿雜物，那也許是你長久以來封存的創傷與壓力等待你去清理。

■ 夢見舊家，是情感記憶的召喚

許多人會夢見兒時的家、年輕時租過的房子，甚至是早已不存在的空間。這些「舊屋夢」不只是懷舊，而是你潛意識在召喚某段「需要被再度理解」的生命階段。

可能你最近的處境勾起了童年經驗的相似感受，也可能你正在思考「我是否偏離了那個最初的自己」。舊家的夢，是一種自我回顧，也是一種內在整合的契機。

■ 夢見房子與「歸屬感」密切相關

房子是人最直接的安全象徵。當你夢見自己無家可歸、住在陌生之地或被趕出家門，這常常反映你當下在人際、家庭、職場或情感中，感受到被排斥、無法安身、找不到「情緒棲息地」的感覺。

167

第四章　迷途心像：從夢境空間探索內在地圖

反之，若你夢見一個溫暖、穩固、有光的居所，那不一定代表你真的買房成功，而是象徵你正慢慢建構起對自己的信任與穩定歸屬。

■ 夢裡的其他人住在你的房子裡？

有時你會夢見房子被陌生人占據、舊愛回來或別人搬進你的空間。這些情節其實在表達你內心界線的模糊：是否有人正在影響你的情緒而你無法擋下？是否你放棄了某些情感主導權？

夢中的「房子」是你個人空間的象徵，任何入侵、重組、消失，都提示你內在界限需要重新釐清與設定。

■ 夢中的房子，就是你當下的自己

每一個房子夢，都是一場走進自己內心建築的旅程。你走進哪個空間、打開哪扇門、遇見誰，背後都藏著潛意識想對你說的話。

下次當你夢見某棟房子，請問問自己：這裡像不像我最近的內心狀態？它是否給我安全感？是否有我還不願面對的空間？

夢不是給你鑰匙，而是讓你意識到⋯那扇門，其實一直就在你心裡，等你自己打開。

168

第六節　搭不上車、找不到車：錯失與控制感失衡

夢中錯過的車，是現實中無法掌控的節奏

你是否曾夢見自己在車站、機場或捷運月臺上，眼睜睜看著車門關上、列車駛離，而你只能焦急奔跑卻永遠追不上？或許你也夢見自己一直找不到正確的月臺、票丟了、搞錯時間……這些夢境反覆出現，不只是現實焦慮的殘影，而是潛意識在揭示你對「錯失」、「失控」與「無能為力感」的深層不安。

夢中的車輛，不論是火車、飛機、公車，甚至是你自己的轎車，都象徵著人生進程的某個「節奏」——而你是否能上車，則代表你是否「覺得自己還跟得上生活的節奏」。

搭不上車：擔心錯過人生的某個階段

夢見自己錯過班車，往往是現實中「趕不上別人」、「來不及」的焦慮反映。這種夢常見於以下時期：

◆ 升學或轉職的關鍵點

第四章 迷途心像：從夢境空間探索內在地圖

◆ 親密關係中對未來方向感到模糊
◆ 面對他人成功，自己卻停滯不前

當你心中有「別人都在前進，而我卡住了」的念頭，夢就會用「錯過列車」的方式讓你具象化這種壓力。

夢境中你越著急、越奔跑，往往代表你對自己要求越高，也越焦慮於「沒趕上」的後果。

■ 找不到車：控制感的瓦解

另一種常見情境是「怎麼找都找不到自己的車」，或「車子被開走了」。這不是單純的迷路，而是你內在對於「掌握方向與行動力」產生動搖。

車子象徵著「我能控制自己人生進度的工具」。當你夢見它遺失、故障、停錯地方，可能表示你在現實中感覺自己無法掌控生活節奏、情緒反應或個人選擇。

特別是在壓力過大、責任過重或遭遇變局的時候，這類夢境會頻繁出現，提醒你「自我駕駛系統正在失靈」。

170

■ 第六節　搭不上車、找不到車：錯失與控制感失衡

■ 夢中的他人，是壓力的映照者

這類夢中常常會出現某些人——可能是親人、朋友、同事，甚至是完全陌生的人。他們可能幫不上忙、也可能站在一旁冷眼旁觀。這些人其實不是重點，而是潛意識在告訴你：「你感覺到被評價、被忽略或無法被協助。」

你是否覺得別人已經走得很快，自己卻停在原地？你是否在乎他人對你進度的看法？這些外在人物，是你對社會節奏焦慮的投影。

■ 車站、月臺、機場：等待與選擇的象徵空間

車子本身是一種移動工具，但夢中的「候車地點」——月臺、車站、登機門——則代表的是你在人生中等待、抉擇或遲疑的位置。

當你夢見反覆在候車地點徘徊，卻無法踏出那一步，那可能是你對「要不要出發」、「該往哪個方向走」的深層遲疑。你不是真的不知道怎麼走，而是你還沒準備好離開現在的站臺。

■ 有沒有「上錯車」的夢？

除了「搭不上車」，還有不少人夢見「搭錯車」、「搭錯方向」，結果越走越遠，找不到回頭路。這類夢境通常反映的是你對「選擇錯誤」的恐懼。

171

第四章　迷途心像：從夢境空間探索內在地圖

你可能正在經歷一段關係、事業或人生選項的懷疑期，潛意識開始模擬「如果我選錯了，會不會就回不去了？」這類夢不是對錯的判斷，而是你內在尚未確認自己決定的結果。

■ 試著解讀你錯過的是什麼

當你夢見自己追不上某輛車時，請問問自己：

◆ 那輛車象徵著什麼？是工作機會？關係進展？自我成就？
◆ 我真的準備好上那班車了嗎？還是我其實有點不想去？
◆ 我是否感覺自己的步調不被尊重？

這些問題的答案，才是夢真正想讓你對話的部分。

■ 錯過車子，不等於錯過人生

夢中的車子不會等你，但你可以重新出發。夢見錯過、不見、搭錯，其實都是你內在自我調整機制的表現。它不是在責備你，而是在提醒你：「你的節奏需要調整，你的掌控感需要重整。」

下一次夢見自己追不上車，請不要只是焦慮地跑。問問自己：「我要去哪裡？我真的想搭這班車

172

第七節　突然會飛了？關於自由的幻想與限制

> 嗎？還是我該走自己的路？」
>
> 夢，不會為你安排目的地，但會為你留下選擇方向的勇氣。

第七節　突然會飛了？關於自由的幻想與限制

■ 夢中飛翔，是自由還是逃避？

你是否曾在夢裡飛翔？那不一定是像鳥一樣展翅高飛，也許只是從地面緩緩升起，或漂浮在半空中。飛行夢是許多人夢境中的經典經驗，通常伴隨著驚奇、快樂、自由，甚至一絲無法解釋的恐懼。這樣的夢境，常常讓人醒來後仍回味無窮。

飛行夢並不僅僅是超能力的幻想，它往往是潛意識釋放壓力、自我解放與現實逃避的象徵。你夢中的飛行，可能正訴說著你在現實生活中對「自由」的渴望，或你在某些處境中「感受到限制」。

173

第四章　迷途心像：從夢境空間探索內在地圖

■ **起飛前的掙扎，反映現實中的壓力**

在許多飛行夢裡，並不是一開始就能順利飛翔。你可能需要助跑、要用力一跳，或試著揮動雙手才終於離地。這種夢中「掙扎起飛」的過程，其實是你現實中正努力突破某種限制的象徵。

你可能正在一段關係中感到壓抑、在工作中感到被束縛，或面對家庭責任無法喘息。夢境中的「飛起來」就是潛意識給你的心理出口：當現實無法移動，夢裡讓你飛。

■ **飛得高，是你自信的投射**

如果夢中的你飛得越來越高，並感受到快樂與輕盈，這通常代表你最近的內在狀態較為穩定、自我肯定感上升。你可能剛完成一項任務、做了一個重要決定，或終於鼓起勇氣做了某事，夢中的飛行是你心理上的「上升狀態」具象化。

飛行的方向與高度，也可以解讀你對目標的視野與掌控感：越穩定、越自在，就越可能顯示你對自己目前狀態的滿意度。

■ **飛不高或無法控制，是自由的焦慮**

相反地，如果夢中的你飛不高，或是飛著飛著失去控制、墜落、撞牆，那就不是單純的快感，而

174

第七節　突然會飛了？關於自由的幻想與限制

是焦慮的訊號。這代表你在追求自由或突破時，感到「內在還沒準備好」或「現實條件不允許」。

許多處於轉換期的人（如剛創業、剛離職、剛離婚）常會夢見這類「飛不起來或飛得不穩」的夢。

這不代表失敗，而是內心仍在適應與摸索中。

■ 在空中遇見障礙，是潛在限制的提醒

夢中的飛行不總是一帆風順。你可能會遇見電線桿、玻璃牆、其他飛行者，甚至是風暴或牆壁。

這些障礙物其實象徵著你在現實中感受到的阻礙來源。

你可以回想夢中的感受──是躲避？對抗？還是選擇落地？這會幫助你理解自己面對困難時的反應模式，也可能是潛意識在提醒你：「你的自由，並非沒有邊界。」

■ 為何有時候會在夢裡「飛逃」？

另一種飛行夢，則是一邊飛一邊逃。你可能夢見被追趕、被攻擊，然後緊急升空逃離危險。這類夢的飛行不是輕盈，而是驚慌。

這種夢常見於面對壓力時無法正面處理的人，潛意識選擇讓你以「逃離」方式遠離威脅。夢在說：「你需要喘息，但你現在只想逃。」

175

第四章　迷途心像：從夢境空間探索內在地圖

■ 夢中飛行出現的時機與心理轉變

根據夢境研究，飛行夢往往出現在人們經歷心理轉折點時：做出重大決定、結束一段關係、換了新環境，或某種長期壓抑的情緒獲得釋放時。

夢中的飛行是一種「自我突破」的練習。即使現實中你還未起飛，夢裡先讓你試著感受「可以移動、可以跳脫、可以俯瞰一切」的心理狀態。

■ 夢中飛行，是自由與現實之間的對話

夢見自己會飛，不一定是逃避，也不全然是超能力的表現。它是潛意識給你的一次自由感體驗，也可能是讓你看清哪些地方還在限制你。

下次夢見自己飛了，請問問自己：我正在尋找什麼自由？我是否正在逃避某些事？我飛得穩嗎？飛得高嗎？這些感受，比夢中的動作本身，更能告訴你，你目前的內心位置。

夢，不會給你翅膀，但會讓你知道——你一直都有飛翔的想望。

176

■ 第八節　被困住的夢：受限狀態的潛在焦慮

第八節　被困住的夢：受限狀態的潛在焦慮

■ 為什麼總是夢見自己動不了？

你是否曾經夢見自己被困在某個房間裡？或是雙腳像被黏住一樣，想走卻走不動？也許你在夢裡被困在電梯裡、受困在擁擠的人群中，甚至有過被鎖在陌生空間內的經驗。這些「被困住」的夢，無論場景如何變化，都有一個共同特徵：你失去了行動的自由。

這樣的夢境，反映的往往是你在現實生活中感受到的「限制感」與「失控感」。夢讓你在象徵性的空間裡，具體體驗出那種被卡住、無法逃脫、又不知道該怎麼辦的心理狀態。

■ 被鎖住的門：無法打開的心牆

一個常見的困境夢場景，是「找不到出口」。你明明記得剛剛進來的路，卻怎麼都找不到原本的門；或門就在眼前，卻無論如何也打不開。這些情節往往象徵著你在現實中面對某種難題時，感到毫無解方。

門，是轉變的象徵；當夢中的門打不開，潛意識在說：「你尚未準備好面對改變。」你可能卡在

177

第四章　迷途心像：從夢境空間探索內在地圖

一段遲遲無法結束的關係中，停留在不想繼續卻又害怕離開的工作中，或被某段過往記憶纏住，無法前進。夢透過「關閉的門」，讓你真實感受到那份內在的僵局。

■ 無法動彈，是壓抑過久的警訊

有些人在夢中會出現「身體無法動彈」的經驗。你想逃跑卻動不了，或是喉嚨發不出聲音，彷彿被一種無形的力量壓制住。這不是靈異事件，而是心理壓力長期累積的反應。

當你在現實中長期壓抑情緒、不敢表達想法或過度壓縮自己時，身體會以夢境的形式釋放這份緊繃。夢中「不能動」就是潛意識在發出訊號：你需要解壓、需要發聲、需要行動。

■ 被圍困的空間，對應內在安全感的缺失

另一種常見的夢是「在一個擁擠的空間裡被擠壓」，例如電梯突然卡住、車廂過度擁擠、狹小空間令人窒息。這些場景反映的是你在現實中缺乏界線、無法保護自己，或覺得自己的存在被壓縮到不見。

你可能在工作上被壓榨、在人際關係中失去界線，或在家庭角色中感到壓迫。夢以密閉、擁擠的空間，讓你「身體化」這種心理上的窘迫。

178

第八節　被困住的夢：受限狀態的潛在焦慮

為什麼常常是熟悉的地方？

很多被困住的夢，場景其實是你熟悉的家、學校、老公司。這表示那些讓你感到壓迫的感受，不一定來自當下，而可能是長年累積甚至來自童年的心理模式。

例如：你曾在家中感受到無法反抗的權威，長大後即使離開原生家庭，仍會在其他人際關係中複製這種「我不被允許動」的感受。夢讓你重回那個熟悉場景，是為了讓你重新意識到——你不必再像從前那樣困住自己。

解讀「困住的夢」的幾個提問

當你夢見被困住，不妨問自己以下幾個問題：

◆ 我最近是否感到某種選擇被剝奪？
◆ 是否有情緒壓力已經持續太久，卻沒有出口？
◆ 有沒有人際關係讓我感到「不能做自己」？
◆ 我是否在逃避某個該做的改變？

這些提問可以幫助你從夢中的象徵，找到現實生活中可能的源頭。

你其實一直有鑰匙，只是還沒用上

夢中的困境，不是預示壞事，而是潛意識提醒你：你正在一個「需要鬆動」的心理狀態裡。你以為自己被困住了，其實只是你尚未允許自己移動。

下次再夢見走不出去、門打不開、腳步動不了的情景時，請不要恐慌，而是停下來問問自己：「我被什麼卡住了？我還有什麼選擇沒看見？」

夢，不會幫你開門，但會讓你知道：那把鑰匙，其實一直就在你口袋裡。

第九節　夢見陌生城市：新的開始還是不安？

■ 走進從未去過的城市，為何那麼熟悉又陌生？

你是否曾經夢見自己身處一個陌生的城市？那裡的街道彷彿從沒見過，卻又隱約帶有熟悉感。你或許在街頭迷路、在廣場徘徊、在地圖上找不到方位。夢裡的城市光影與氣氛，充滿變動與不確定，令人既期待又焦慮。

180

第九節　夢見陌生城市：新的開始還是不安？

■ 城市象徵著人生階段的轉移

在心理象徵中，城市不只是建築物的集合體，它是一個承載身分、選擇與社會角色的巨大容器。當你進入一個全新的城市，潛意識正在引導你「預演某種轉變」。

夢中的城市，代表你所處的心理階段。

你可能正考慮換工作、展開新關係、搬遷居所，或迎接某種內在的轉變（如價值觀改變、自我認同重塑）。夢中的陌生城市，是這些變動尚未具象化前的心理過渡空間。

■ 迷路，是轉型期的正常反應

大多數人在夢見陌生城市時，都伴隨迷路、走錯路、找不到目的地的經驗。這不一定是焦慮的表現，而是一種「自我重整」的過程。

你正處於一種過渡狀態：舊有的生活模式已經鬆動，新的方向尚未穩定。夢中的迷路，是內在地圖正在重繪的過程——你不知道目的地，因為你正學習如何訂立新的方向。

這樣的夢境，往往發生在人生即將轉彎、身心狀態改變的時候。陌生城市的意象，不只是景色，更是潛意識對「新起點」或「變動壓力」的象徵回應。

181

第四章　迷途心像：從夢境空間探索內在地圖

■ 陌生但有吸引力：渴望冒險與探索的心情

有些夢中的城市看起來陌生，卻令人感到好奇、興奮。你可能夢見自己走在街市中，被五光十色的霓虹吸引；或穿梭在不知名的藝術館、書店、巷弄。

這類夢通常反映你內在正在甦醒的某種冒險精神，或是你對生活想要更多「未知」與「變化」的渴望。這是一種正向的心理徵兆，代表你準備好接受新的機會與挑戰。

■ 城市裡沒人認識你：身分重建的契機

夢中的陌生城市往往伴隨「沒人認識我」的情境。你是陌生人、沒有背景、也沒有包袱。這是潛意識給你一個「重新定義自己」的舞臺。

你也許在現實中剛離開一段關係、結束某個身分認同（例如職務變動、家庭角色改變），夢透過一個全然陌生的城市，告訴你：「你可以再一次選擇你是誰。」

■ 感到害怕或孤單：面對不確定的恐懼

但不是每個陌生城市夢都是美好的。有時你可能感到孤單、找不到人求助、城市街景變得陰暗、壓迫。這反映出你對改變的焦慮與恐懼。

182

第九節　夢見陌生城市：新的開始還是不安？

夢境是潛意識的緩衝區。當你面對現實中的重大選擇或突然環境變化時，夢用城市的樣貌讓你「試著適應」，也讓你「承認你還沒準備好」。

■ 城市的細節是解夢的鑰匙

試著回想夢中城市的特徵：

◆ 你在其中是觀光客，還是居民？
◆ 是開闊明亮，還是幽閉混亂？
◆ 是現代摩天大樓，還是老舊街區？

這些細節透露出你對「新生活可能樣貌」的感受。亮麗有序的城市，可能象徵你對新環境抱持希望；破碎老舊的場景，則可能顯示你仍緊抓舊有信念。

■ 城市不只是場景，它是你即將到來的心理風景

夢中的陌生城市，是你人生正在轉變的一面鏡子。它讓你預見「如果我走向新的方向，我會感覺如何？」

183

第四章　迷途心像：從夢境空間探索內在地圖

第十節　同一場景不斷重複？心理暗示訊號已啟動

■ 重複的夢，不只是偶然巧合

你是否曾經一再夢見同一個地方、同一個畫面？可能是同一間教室、同一段樓梯，或一條總也走不完的走廊。即使你明知那只是夢，但它卻在不同的夜晚、不同的情緒下再次出現，彷彿潛意識執意要你重返某個記憶點。

重複夢境是一種潛意識強烈訊號的表現，它試圖告訴你：有一個心理議題尚未被解決，一段情緒經驗尚未被整合。那個場景，是潛意識不斷播放的「提醒畫面」，直到你真正看見它想讓你面對的內容。

當你夢見自己站在一座陌生城市中，請不用驚慌，那可能是潛意識在說：「我們準備要邁出下一步了。」

你不一定要現在就知道出口在哪，但你已經開始探索，已經邁出了那一步。這就夠了。

184

第十節　同一場景不斷重複？心理暗示訊號已啟動

潛意識的待辦清單：未解議題重返夢境

夢境不只是片段回憶，更像是心理的編輯室。當某些重要的感受被忽略、重要的經驗未被整理，潛意識就會「剪輯重播」，讓同一場景一再出現。

這些重複出現的場景往往有以下特徵：

◆ 夢用場景提醒你：「你有一段情緒尚未說完，你還沒給出一個心理的結尾。」
◆ 情緒強烈，例如焦慮、恐懼、羞愧或失望
◆ 總是卡住、停滯，無法完成某項動作
◆ 發生在過往重要轉折或創傷事件的場域

為什麼是那個地方？空間背後的象徵語言

潛意識選擇一個特定場景反覆出現，並非隨機，而是因為那個地方對你來說有象徵性意義。也許你夢見的那間教室，是你曾經備感壓力的地方；或是那條樓梯，是你總覺得「上不去」的努力象徵。

空間本身就是情緒的投影板。夢中不斷出現的空間，往往指向你某個心理層面的卡點。例如：

◆ 樓梯＝努力與進展

第四章　迷途心像：從夢境空間探索內在地圖

◆ 廁所＝情緒釋放的阻礙
◆ 閉鎖房間＝祕密、自我封閉或創傷

■ 重複的夢不只是回憶，而是呼喚改變

有些人會說：「我一直夢到國中教室，是不是因為太懷舊？」但實際上，夢不只是單純的回憶，而是「經驗的再使用」。當你在當下人生階段遇到與過去相似的情緒壓力，夢就會選擇那個舊場景作為容器。

換句話說：重複夢境是潛意識在提醒你「這個狀況又出現了」，你是要用和過去一樣的方式面對，還是選擇新的處理模式？

■ 當夢境開始有微小變化，表示你在轉化中

即使是重複夢境，也可能出現微妙變化。也許你這次終於開了那扇原本打不開的門；也許你在相同的街景中走出不同的方向。

這些變化代表你內在已開始鬆動、準備轉變。潛意識不再只是重播，而是在引導你進入新的心理階段。這些細節的變化，是夢境裡「心理轉折點」的重要線索。

186

第十節　同一場景不斷重複？心理暗示訊號已啟動

如何回應這樣的夢？

記錄下夢境的場景與你醒來時的情緒：

◆ 試著寫下夢中最想完成但無法完成的動作；

◆ 問問自己：最近生活中有沒有類似的情緒？這場景讓我聯想到哪段過去？

有時候，光是這樣誠實的自我對話，就足以讓夢境轉變、讓重複的輪迴慢慢鬆開。

夢不會白做，它只是還沒說完

當你一再夢見相同場景，請不要急著逃避或視為巧合。那是你心裡某個角落正持續發出訊號。它不會害你，它只是還沒被聽見、被理解。

夢的重複，是心理的反覆練習，也是改變的開端。下次夢見那個場景時，請停下來想一想⋯你是否願意，這次換一個選擇？

第四章　迷途心像：從夢境空間探索內在地圖　∎

第五章

夢的語言：潛意識如何用影像說話

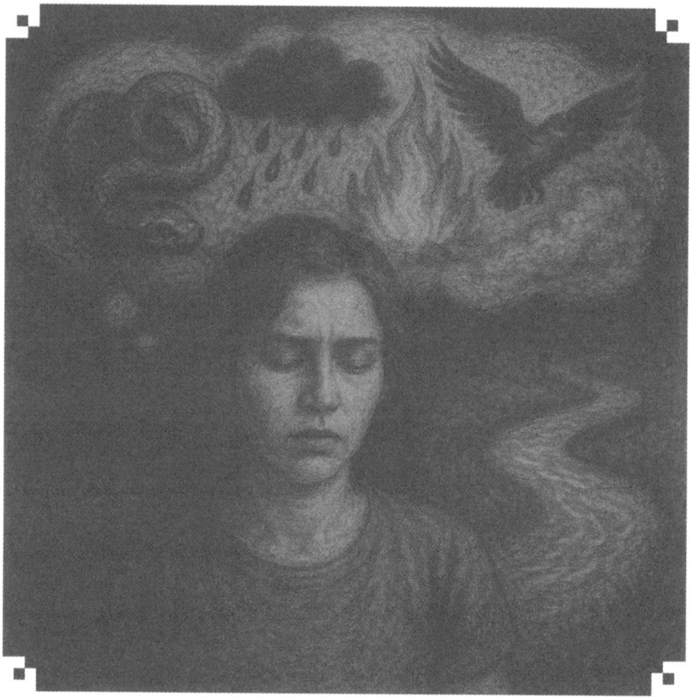

■ 第一節　為什麼夢裡邏輯不通還是覺得正常？

第一節 為什麼夢裡邏輯不通還是覺得正常？

■ 夢中那些「說不通」的情節，其實潛藏邏輯

你是否曾夢見一場完全無法解釋的情節？可能你在教室裡卻穿著睡衣，或是明明在臺北醒來，轉眼就到了巴黎。夢裡的人可以同時是你媽又是你老闆，事件在瞬間從生日派對變成追逐戰，卻沒有人懷疑這一切有何不對。

這樣的夢境狀況在多數人身上都不陌生：劇情跳躍、角色混亂、時間空間錯位，卻總讓夢中的我們全盤接受。這種「不合邏輯卻被視為理所當然」的現象，其實揭示了潛意識的獨特運作邏輯。夢不是用清醒邏輯在運作，而是依照心理象徵、情緒連結與記憶片段組成的內在劇場。

■ 大腦在睡眠中的處理方式不同於清醒狀態

當我們進入快速動眼期（REM 睡眠階段），大腦皮質的某些區塊特別活躍，尤其是掌管情緒與記憶的邊緣系統，但負責理性推理與邏輯判斷的前額葉皮質活動則顯著下降。換句話說，夢中我們的「情緒大腦」在線，但「理性腦」正處於休眠狀態。

191

第五章　夢的語言：潛意識如何用影像說話

這也是為什麼在夢裡看到荒謬場景時，我們不會懷疑，而是順勢接受情節發展。我們的大腦並非完全關閉，而是選擇性運作，讓潛意識藉由夢這種形式來「放映情緒與未完成記憶的殘片」。

■ 認知融合：夢境的「拼圖式邏輯」

夢之所以顯得混亂，是因為它將不同來源的心理素材拼接起來，形成一種「認知融合」的邏輯。比方說：你今天在辦公室感到委屈，潛意識便可能抓出過去類似的經驗（例如國小時被老師誤會），並將兩者以象徵性融合，於是你夢見老師責罵你，而你身邊坐著同事，教室又變成會議室。

這種無視時間與空間限制的「心靈拼貼術」正是夢的特質：它不追求邏輯一致，而是追求「情緒一致」。當某個片段被喚起，潛意識便將所有與之情緒相似的記憶拉出來並置演出。

■ 異常情節其實是象徵而非錯亂

你夢見在水裡呼吸、在屋頂煮飯或自己會說「鳥語」，這些並不是錯亂，而是象徵化的訊號。潛意識不以語言為主體，它傾向以影像、動作、象徵進行溝通。

水裡呼吸可能象徵你正試圖在情緒深處保持冷靜；屋頂煮飯可能是你想在壓力高處獲得照顧感；能說動物語可能代表你渴望與本能、直覺更接近。這些內容的意義要從感覺出發，而非從語言判斷對錯。

192

■ 第一節　為什麼夢裡邏輯不通還是覺得正常？

■ 為什麼夢裡「當然合理」？

夢中的我們為什麼不會懷疑這一切太荒謬？因為潛意識世界並沒有「不合理」這種觀念。夢裡的一切是以「情感邏輯」為基礎——它重的是你「感覺這樣有道理」，而不是你「分析這樣有邏輯」。

例如：你在現實中對某人充滿矛盾情緒，夢裡他可能同時是愛你的人也是攻擊你的人，因為這正是你對他的真實心理感受——而非要解釋出邏輯關係。

■ 無法預測，是因為潛意識在處理「難處理的東西」

夢境會打破邏輯，也因為它處理的是你日常無法處理的經驗——不管是被壓抑的欲望、未說出的情緒，或是難以接受的事實。這些內容在白天被排除，但晚上透過夢境以「變形」方式出現，讓你得以間接面對。

夢以變形劇的形式演出，是為了保護你不被情緒淹沒，同時又讓這些「未處理情緒」能在心理系統中流動起來。

■ 夢的邏輯，是心的邏輯

夢之所以邏輯不通，是因為它從來不打算「講道理」，它想說的是「你心裡的真實樣貌」。如果你願意暫時放下清醒的分析模式，你會發現夢中的荒謬並不混亂，而是一種「直指核心」的心理暗示。

193

第五章　夢的語言：潛意識如何用影像說話

下次夢中再出現讓你摸不著頭緒的場景，不要急著找邏輯漏洞。先問問自己：我夢裡的感覺是什麼？它讓我想到現實中的什麼感受？

夢的訊息，不是靠頭腦拆解，而是靠你與自己的情緒誠實相認。

第二節　我的夢像電影一樣奇幻，是正常的嗎？

■ 為什麼我的夢像在看電影？

你是否曾有過這樣的經驗：夢裡出現精緻的場景轉換、戲劇張力十足的劇情，從世界末日逃出生天，到突然會飛、瞬間轉場、與不存在的人展開一場戀愛。醒來後你不禁懷疑，這真的是我的夢？怎麼比電影還精彩？

事實上，這類「電影式夢境」是許多人常見的夢境之一。它不是錯亂，也不是想太多，而是大腦在睡眠狀態下，將情緒、記憶、渴望與未完成經驗用最戲劇化的方式整合呈現。夢的奇幻與震撼，其實正說明你內心的素材正在以「視覺故事」進行一場心理排演。

194

■ 第二節　我的夢像電影一樣奇幻，是正常的嗎？

潛意識如何「製片」夢境？

我們在白天接收大量感官資訊：畫面、聲音、觸覺、情緒、語言。這些訊息不會全部進入記憶，但潛意識會留下「情緒餘波」。當你進入快速動眼期睡眠（REM sleep），大腦開始活躍整合這些素材，並用夢來進行整理。

在這個階段，你的海馬迴會提取片段記憶，杏仁核則主導情緒處理，而視覺皮質將過去經驗圖像化。這樣一來，你的夢就像是一部剪輯中的電影：情節跳躍、畫面奇幻，但背後都有真實的情感根源。

夢境為何如此戲劇化？

夢的本質並非要複述現實，而是為了「代償」、「轉化」和「演練」。當你日常生活中有情緒未能出口、欲望無法滿足，夢就會將這些未竟之事，透過誇張劇情進行心理補償。

例如：你夢見自己成為搶救世界的英雄，可能是因為你在現實中感到無力；你夢見自己被千萬人喜愛，可能反映你在生活中感受到孤單。夢不是要告訴你「你真的會成為主角」，而是幫你處理那份「渴望被看見」的情緒。

195

第五章　夢的語言：潛意識如何用影像說話

■ 奇幻場景反映心理張力

夢中的飛行、爆炸、超能力、空間轉換，這些元素都源自你內在張力的象徵化表達。飛行代表逃脫或自由、爆炸象徵壓抑情緒的爆發、空間跳躍是身分轉換的反映。

夢不講邏輯，而講「感覺的真實」。夢讓你體驗那些現實中不可能發生、但你內心渴望或恐懼的場景。這種戲劇張力不是虛構，而是你內在情緒強度的具體化。

■ 是不是看太多劇才會這樣？

不少人會懷疑：「是不是我太常看電影、小說或漫畫，才做出這麼誇張的夢？」其實不然。雖然日間媒體素材確實會進入夢的素材庫，但夢並非單純模仿，而是重組。

你可能白天看了一部末日片，晚上就夢見自己在逃難。但真正的內容不是那部片，而是「你感受到危機感」，而你的潛意識只是借用了那部電影的「視覺語言」來重現你的情緒。

■ 為什麼夢中的我像「另一個自己」？

在電影式夢境中，常會出現一個不是你卻又是你的角色。他／她可能比你更果斷、更英勇，或處在你從未涉足的情境中。這其實是潛意識讓你探索「未被開發的自我」的一種方式。

196

■ 第二節 我的夢像電影一樣奇幻，是正常的嗎？

夢中的那個你，可能代表你內在尚未表現出來的某部分人格：

◆ 英雄型的你＝你渴望被肯定、自信被激發
◆ 愛情劇裡的你＝你在探索情感關係中的角色與需求
◆ 驚悚片中的你＝你正在面對恐懼、嘗試對抗內在壓力

這些角色不是幻想，而是潛在的你——你的內在自我正透過夢戲排演各種可能性。

夢境製片人：你就是這部片的導演

如果你的夢像電影，不要懷疑自己太誇張，這其實是你的大腦與潛意識最自然的創作方式。它用劇情代替說教、用象徵表達真實、用奇幻療癒壓力。

每一場夢都是你心中的一場演出，而你不只是觀眾，更是導演、編劇與主角。別擔心夢是否正常，只要它有情感、有故事、有餘韻，那它就是你最誠實的自我正在對你說話。

第五章　夢的語言：潛意識如何用影像說話

第三節　夢見自己死掉，其實不是壞預兆

為什麼夢見死亡，醒來卻沒有壞事發生？

夢見自己死掉，是許多人醒來後最驚恐與困惑的夢之一。你可能夢見自己被追殺、突然墜落、被醫院宣判死亡，甚至在葬禮上看見自己的身影。這樣的夢境令人心驚，但現實中卻往往什麼都沒發生，甚至接下來的日子還頗為順利。

這種「死亡夢境」之所以讓人不安，是因為我們習慣將死亡與負面、終結、厄運劃上等號。但在夢的語言中，死亡並不是災難的預兆，而更像是一種「象徵性的轉變」——它代表著某個階段的結束，以及一段新的開始。

夢中的死亡，是心理結構的轉化

當你夢見自己死去，其實不是真的預言你將離世，而是在潛意識層面，你正在「放下過去的自己」。這個過去可能是：

◆ 一段舊有的身分（例如學生、單身、某職位）

198

第三節　夢見自己死掉：其實不是壞預兆

◆ 一種慣性的性格（例如過度討好、自我否定）

◆ 一段不再合適的關係（如友情、戀情）

夢中的死亡，是心理系統對「舊有自我」的自然清除過程。就像蛇蛻皮、就像枝幹修剪，夢用死亡來比喻脫落與重生。

■ 常見的死亡夢境類型，其實暗示重整與重啟

1. 被人殺害

通常象徵你在面對某種外在壓力時，被迫改變原有的防衛方式。凶手是誰、怎麼殺你，是解讀這類夢的關鍵。若凶手是熟人，可能你潛意識裡正在與這個人有「心理界線的重新劃分」。

2. 自願死亡

夢中自己選擇結束生命，其實是一種「我準備好放下」的訊號。這類夢常見於療癒期、關係中止後或人生轉換點，象徵主動結束舊狀態。

3. 看見自己的葬禮

這是一種觀照自我的視角。你正在以旁觀者姿態，審視一段結束與再生過程。若夢中情緒是平靜的，表示你內在接受這段轉化。

199

第五章 夢的語言：潛意識如何用影像說話

■ 為什麼死亡夢境常在變動時出現？

夢見自己死掉的時間點，往往與人生重大變化有關：畢業、搬遷、離職、失戀、升遷、初為人母等。這些事件表面看是喜怒哀樂交錯，其實都隱含著「身分再定位」的壓力。

死亡夢就像心理儀式中的告別，它讓你情緒上先「模擬死亡」，為變化作準備。夢中死去，不是凶兆，而是一種情緒試穿，是心理在幫你預演新階段的誕生。

■ 是否夢見死亡就表示「我失控了」？

不一定。其實夢見死亡的時候，反而代表你的潛意識正在有意識地整理與轉換。這類夢往往在你試圖放下某些事物，卻尚未完全告別時出現。

夢中死去，讓你與那段「尚未道別的自己」有個正式分離的契機。它不是失控，而是整理，是心理完成分裂整合的象徵儀式。

■ 情緒才是關鍵：你夢中死後是什麼感覺？

夢見死亡後的情緒，其實比情節更重要：

◆ 如果你感到悲傷，那可能象徵你對那段失去的狀態仍有依戀；

200

■ 第三節　夢見自己死掉：其實不是壞預兆

◆ 如果你感到輕鬆，則可能代表你終於放下某種壓力或束縛；
◆ 如果你感到驚恐，那可能是你尚未準備好面對人生的轉變。

情緒是解夢的密碼，請特別記下夢中醒來時的心理餘韻。

■ 夢中的死亡，是生命的另一種說法

夢見自己死去，並不是預言未來，而是你的潛意識正帶你結束某段不再適合的自我。它可能令人震撼，但往往也意味著成長、轉化與重生的開端。

下次當你夢見死亡時，不要急著害怕或查運勢。不妨問問自己：我正在放下什麼？我是否已準備好迎接新的身分、新的我？

夢用死亡說再見，但它真正要說的，是：「你正走向新的開始。」

201

第四節　無聲、黑白、靜止夢：感官關閉的狀態

■ 為什麼夢裡突然沒有聲音、顏色，甚至一動也不動？

你是否曾經做過一個無聲的夢？或是整個夢境呈現黑白畫面，宛如舊時電影？甚至有時候，夢境像是被按下暫停鍵，所有人都靜止不動、時間凝結。這些看似「感官缺席」的夢境，往往令人醒來後感到詭異、困惑，甚至心中空空的。

但這類夢境，其實是一種心理防衛與情緒調節的機制。當你在現實中過於疲憊、情緒飽和或遭遇內在衝突時，潛意識可能會關閉部分「夢的感官功能」，讓你在象徵層次上進行靜止與重組。

■ 無聲的夢：情緒凍結與表達障礙的象徵

夢中沒有聲音，往往不是現實世界的技術故障，而是情緒在潛意識中進入「封存狀態」。這種夢境可能來自：

◆ 日常中無法好好說出情緒的人
◆ 長期在壓抑與配合中生活，無法對抗權威或情境

第四節 無聲、黑白、靜止夢：感官關閉的狀態

◆ 面臨重大變故，情緒尚未來得及處理

無聲，不代表沒有情緒，而是「無法表達的情緒」。夢透過靜音處理，讓你暫時逃離那些可能會引發巨大衝突的聲響，提供一種「沉默保護機制」。

若夢中你嘗試說話卻發不出聲音，這反映出你現實中有話說不出，有情緒無法安然釋放的狀態。

■ 黑白的夢：情感壓抑與感知退化的反映

黑白夢境不是異常，而是潛意識暫時降低「刺激感受」的方式。夢中不出現顏色，往往來自：

◆ 過度理性、壓抑情緒的人格傾向
◆ 長期處於疲憊或缺乏動力的心理狀態
◆ 情緒低迷、輕微憂鬱傾向

有趣的是，黑白夢境常發生於心理重新建構的過程中——你正在重整自我價值觀或人際定位，因此暫時關閉色彩，進行「情感重啟」。

顏色在夢中代表情感強度與心理活力。當夢的顏色消失，潛意識其實是在「模擬情緒退場」，讓你在安全的情境下覺察到內在的蒼白與平板。

第五章　夢的語言：潛意識如何用影像說話

■ 夢見靜止：時間凍結與行動壓力的外化

夢中一切突然靜止、場景凝結或角色凍結，這可能象徵你在現實中面對某個重大選擇或變化時，感到進退兩難。

夢透過凍結時間的方式，讓你「暫時卡住」，讓你的意識得以留在那個交叉點，好好觀察與感受。

這類夢常見於：

◆ 決定是否離職、分手、搬遷等重大議題時
◆ 面對失去親人或關係終結的哀傷過程
◆ 情感上無法前進也無法退回的階段

夢的靜止不是封鎖，而是一種等待，是潛意識在說：「我還需要一點時間消化。」

■ 感官缺席，是一種心理重組的預備期

我們習慣用聲音、畫面、動作來感知世界，但夢中的感官關閉，其實是心理系統進入「低耗能修復模式」的表現。

你可能在經歷了長期高壓後，潛意識主動關閉多餘刺激源，只保留「最低限度的運作」，讓你在夢中能喘息、冷靜、修復。

204

第四節　無聲、黑白、靜止夢：感官關閉的狀態

這就像一場心理層級的「重開機」過程：在夢中關閉聲音與色彩，不是失常，而是讓你暫時遠離喧囂，重新啟動。

■ 夢的靜默，是心靈在對你輕聲說話

無聲、黑白、靜止的夢，從來不等於空白。它們不喧嘩、不華麗，卻可能是潛意識最溫柔的一次提醒：你的心累了，你的感官需要休息，你的情緒需要時間沉澱。

下次遇見這樣的夢，請不用急著追問意義，也不用害怕是不是出了什麼問題。不妨靜靜地問問自己：我最近是不是太累了？是不是沒時間處理自己的情緒？是不是該給自己一點寧靜？

這些無聲的夢，正在用安靜的方式，為你修復內在最深層的疲憊。

205

第五章　夢的語言：潛意識如何用影像說話

第五節　一直夢見動物：本能與情緒的象徵

■ 為什麼動物會成為夢境的主角？

你是否曾夢見過蛇、狗、貓、鳥、老虎，甚至是不存在的奇異動物？在夢裡，這些動物可能會與你互動、追逐你、保護你，或默默出現在某個角落。牠們的行為、姿態與你之間的距離，常常蘊藏了潛意識想傳遞的重要訊息。

夢中的動物，並不是單純的形象，牠們象徵著我們內在最原始、最本能的情緒層面。相對於人類角色常代表社會關係與理性意識，動物則揭示了我們潛藏的衝動、恐懼、渴望或力量。

■ 動物象徵潛意識的情緒角色

動物在夢中的出現，常常與你當時的心理狀態密切相關。根據心理學家卡爾‧榮格（Carl Jung）的觀點，動物是「原型」的具現，是集體潛意識中最常見的象徵之一。

舉例來說：

◆ 蛇：轉化、恐懼、性慾、智慧，也可能是內在力量的甦醒

206

第五節　一直夢見動物：本能與情緒的象徵

- 狗：忠誠、保護、自我防衛，也可能是依賴與關係渴望
- 貓：直覺、神祕、女性能量或對邊界的探索
- 鳥：自由、思想、希望，也可能是逃避現實的衝動
- 老虎／獅子：憤怒、壓抑的攻擊性、本能能量的覺醒

這些象徵並非固定，而是需要結合你當下的情境與夢中的互動方式來理解。

動物的行為，是解夢的關鍵線索

夢見動物本身並不稀奇，關鍵在於：牠在做什麼？你與牠的關係是什麼？

- 動物攻擊你：可能象徵你在壓抑某種情緒（如憤怒、恐懼），潛意識正在「回擊」你的自我控制
- 你餵養牠：可能表示你在接納內在的本能與感受，進行自我療癒
- 牠逃離你：或許你正忽略某種重要情緒需求，潛意識示警你要重新連結
- 你與動物說話：代表你正在嘗試用理智理解本能，處於感性與理性調和的過程

動物不是外在角色，而是你自己的一部分，是被遺忘或壓抑的自我側面。

第五章　夢的語言：潛意識如何用影像說話

常見夢中動物的心理意涵

以下是一些臺灣民眾常夢見的動物，以及可能的象徵解析：

◆ 蛇：常見於生活中面對變化或壓力的時期，也可能是與性或創造力有關的潛在訊號。
◆ 狗：在忠誠與保護之外，也可能象徵「不敢說出口的依賴感」或「渴望被理解」。
◆ 老鼠：焦慮、小事累積成大問題，或是內在小聲音不停在耳邊干擾的狀態。
◆ 鳥：渴望突破、轉換、搬家、出走的徵兆。
◆ 馬：推進、行動力、也可能是與自由意志衝突的力量抗衡。

動物的數量與種類也值得觀察

如果夢裡的動物不只一隻，那整體的數量、種類與分布也很重要。例如：

◆ 多隻狗圍繞你：可能是你在人際關係中感受到群體壓力或需要強烈歸屬感。
◆ 鳥群飛離：也許你最近面對集體離去或孤獨的情緒正在浮現。
◆ 同時夢見捕食與被捕食的動物：象徵你內心存在兩股衝突力量，互相拉扯。

夢境中的動物生態，就是你當下的情緒生態。

208

第五節　一直夢見動物：本能與情緒的象徵

動物夢與原生家庭的連動

有時候，你夢見的某些動物會喚起童年記憶。可能你曾被狗追過、養過兔子或看過父親打蛇……這些記憶會與當下情緒交錯，構成一場有深層含義的夢。

動物夢也經常與原生家庭關係有關，例如：

◆ 夢見母貓生小貓，可能投射對母職與撫養的焦慮

◆ 被凶猛動物追趕，可能反映對父權權威的恐懼與壓力

這類夢不是童年回憶，而是潛意識試圖「重新處理童年的未解情緒」。

夢見動物，是內在本能在說話

夢見動物，不只是因為你白天看到牠們，而是你內在某部分正需要被理解與接納。牠們不是來嚇你，也不是預示什麼，而是潛意識想讓你重新認識自己那個更真實、更原始、更情緒化的一面。

下次夢見動物時，不妨問問自己：

◆ 牠像不像我某部分的個性？

◆ 我是否正壓抑某種衝動或需求？

第五章　夢的語言：潛意識如何用影像說話

◆ 我需要什麼樣的支持或安全感？

夢裡的動物，總是在提醒你：「請傾聽那個還沒被馴服的自己。」

第六節　血、火、水、風⋯元素的心理密碼

■ 自然元素，為何出現在夢裡？

當你夢見血流不止、大火蔓延、溺水掙扎、強風吹襲，這些情節往往令人驚心動魄，醒來後餘悸猶存。但這些元素，其實不只是災難的表徵，它們各自象徵著潛意識中不同層面的心理活動。

夢中常見的四大自然元素——血、火、水、風，在心理層面上都蘊含著深刻的象徵意義。它們如同自然律動中的基本語彙，也是潛意識用來描述情緒能量、心理轉變與內在衝突的直覺工具。

210

第六節 血、火、水、風：元素的心理密碼

血：生命、情感與失控的能量

血在夢中經常引起驚慌，但它並不總是負面訊號。血代表的是「生命的流動」，也是情緒的外顯與能量的象徵。

◇ 流血：表示你正在失去某些重要的心理能量，可能是情緒過度付出、精神耗弱，或與某人關係產生耗損。

◇ 自己受傷流血：暗示你正在經歷自我懷疑或內在價值感的削弱。

◇ 別人流血：可能投射出你對他人情緒狀態的感知，或你內心對某段關係的不安。

有時，夢見大量血液反而是潛意識的宣洩，是你身體和情緒系統在排毒，象徵一種「清洗」與「釋放」。

火：憤怒、欲望與破壞性的轉化

火象徵著強烈的能量，它可以是創造，也可能是毀滅。在夢中，火代表著壓抑已久的情緒即將爆發，或者你內在正在經歷轉型的過程。

◇ 看見火焰燃燒：象徵你的情緒正在加溫，可能是壓抑的怒氣或強烈的欲望。

◇ 家裡著火：暗示你的親密關係或內在安全感出現危機，需要重新檢視自我界線。

211

第五章　夢的語言：潛意識如何用影像說話

控制不了的火：可能表示你覺得情緒快要失控，潛意識正試圖提醒你找到出口或對策。

然而，火也可以象徵轉化與重生，就像鳳凰浴火重生，夢中的大火有時是你內在革新的一個預告。

水：情緒的深度與流動性

水是夢境中最常出現的元素，代表著情緒、潛意識、直覺以及與他人連結的能力。

◆ 清澈的水：象徵內在平靜、情緒清明。

◆ 混濁或洪水：可能代表你正被過多的情緒壓力或人際糾葛所淹沒。

◆ 溺水：常見於情緒負荷過重或被某種關係「困住」的時期。

◆ 潛水或潛入水中：可能表示你正在探索自我內在、潛意識深處的情感。

夢中的水往往能真實反映你近期的情緒狀態，越不穩定的水象徵著越難處理的情感波動。

風：變動、訊息與看不見的影響力

風是抽象的象徵，通常與變化、流動、無形的壓力或思緒有關。

212

第六節　血、火、水、風：元素的心理密碼

- 微風拂面：可能象徵新的靈感、溫和的改變、輕盈的轉念。
- 強風吹襲：暗示你正在面對不可控的外在力量，或內在壓力正在推動你轉變。
- 風中迷失方向：表示你的思緒混亂，無法集中，也可能對人生方向感到迷惘。

風也是資訊與思想的傳遞象徵，當你夢見風聲、風帶來紙張或語音，那可能暗示你潛意識正試圖告訴你某些你尚未察覺的訊息。

元素之間的組合：複雜情緒的交織

有些夢中同時出現多種元素，例如水中著火、風中流血、洪水捲起大火……這種夢境的複雜性代表你內在情緒正處於高壓與轉變的交界處。

夢用這些三元素彼此交錯來呈現「情緒衝突」：一方面你可能渴望釋放（火），一方面又害怕失控（水）；一邊想突破（風），一邊卻陷入疲憊（血）。

這些複合元素夢境，是潛意識最戲劇性的表達方式，往往在重大轉折點、情感壓力堆積期特別頻繁。

213

第五章　夢的語言：潛意識如何用影像說話

你的夢正在說「感覺的語言」

夢境中的血、火、水、風，不是災難的預兆，而是心理與情緒的語言。它們幫助你辨識身心的現狀，促進自我覺察與調節。

下次當你夢見這些元素時，不妨問問自己：

◆ 我最近的情緒是不是超載了？
◆ 有沒有某種壓力已經快要突破臨界點？
◆ 我是否正在經歷某種重組或轉化的時刻？

夢，不會直接告訴你該怎麼做，但它會用象徵語言提醒你：「某些東西正在改變，而你需要覺察這個變化。」

214

第七節 夢見天災：集體焦慮與災難情緒

■ 當自然災難成為夢的主角

地震、海嘯、颱風、核爆、流感、乾旱、洪水……你可能夢過這些極端災難畫面，有時甚至在夢中清楚感受到恐慌、無助、逃亡甚至末日般的氛圍。天災夢並非罕見，它們往往在特定社會情境或個人壓力高峰時頻繁出現，成為潛意識「情緒出口」的一種方式。

與其他象徵個人經驗的夢不同，夢見天災是經常與集體情緒、群體潛意識與社會環境息息相關。換句話說，你不一定要親身經歷地震，卻可能在看到新聞或與他人對話後將那份恐懼轉化為夢中的畫面。

■ 夢見災難的五種常見情境

1. 夢見地震

地面崩裂、建物傾倒，象徵的是生活根基動搖。例如工作不穩、家庭變故、身分角色轉變。

第五章　夢的語言：潛意識如何用影像說話

2. 夢見海嘯

    滔天巨浪來襲代表壓倒性情緒的來襲，通常出現在被情緒淹沒或對未來深感不安時期。

3. 夢見風災

    颱風、強風將一切捲走，常象徵生活秩序被打亂，或是不可控的外部力量令你失去方向感。

4. 夢見瘟疫或毒氣

    疫情蔓延、空氣有毒，象徵隱形威脅，尤其與人際關係中的猜疑、防衛與孤立感有關。

5. 夢見核爆或隕石毀滅

    這種帶有末日感的災難夢，通常來自極度壓抑的情緒或對人類未來的潛在焦慮。

■ 為什麼夢會這麼極端？

夢中選擇天災作為場景，是潛意識的一種「放大比喻」手法。當我們無法用語言說出內在壓力，夢會選擇最具有衝擊性、最貼近你真實情緒的方式傳遞訊息：

- ◆ 地震是你的安全感在搖晃；
- ◆ 海嘯是你快被壓力吞沒；

216

第七節　夢見天災：集體焦慮與災難情緒

- 火山爆發是怒氣與衝突的堆積；
- 空氣毒化可能象徵你感覺周遭人事物令人窒息。

夢透過災難，讓你「安全的模擬」情緒崩潰的極限。

社會新聞與集體焦慮的投射

在災難新聞頻傳的時期，或當你長時間沉浸於網路災難話題中，也更容易做出相關夢境。這是一種「資訊內化」現象：外部災難透過媒體進入大腦，再被潛意識轉化成夢境畫面。

這類夢不代表你的內在出現病態，而是反映你與整個社會情緒系統有所連結。夢中的災難是一種共感，是潛意識對當下世界局勢的「氣象觀測」。

夢見災難與「控制感」的消失有關

多數夢見天災的共同特點是：你無法阻止事件的發生。這正對應到現實中你感受到的「控制感失衡」。

- 覺得自己無法掌握局勢（職場、人際、家庭）
- 無力改變某些不公或困境

第五章　夢的語言：潛意識如何用影像說話

◆ 感受到時間、金錢或自由的流失

夢透過災難場景來具象你「無力改變」的情緒狀態。

如何面對夢見災難？

◆ 不必預言化：這類夢不是災難預告，而是情緒象徵。請不要陷入恐慌性解讀。

◆ 觀察情境細節：你在夢中是逃跑者、旁觀者還是救援者？角色位置透露你內心的位置與角色期待。

◆ 反思現實中的混亂點：你生活中哪一個區塊正在「失控」？這才是夢要你看的焦點。

夢見天災，是情緒過載的集體語言

夢中那些震撼的災難場面，其實是你心裡那場風暴的具體化。它可能不是只屬於你，而是屬於我們所有人。因為我們都活在這個世界的同一張情緒網裡。

下次再夢見地震、海嘯、疫情蔓延，不妨把它當成一種「潛意識氣象預報」，它不是災難的預告，而是提醒你：你的心理壓力正在累積，是時候停下來，整理自己了。

218

第八節 夢見身體：哪裡痛就夢哪裡？身體的暗示

第八節 夢見身體：哪裡痛就夢哪裡？身體的暗示

■ 夢境中的身體訊號，是真的還是心理作用？

你是否曾在夢中感覺某個部位疼痛、痠麻甚至流血，醒來後還覺得身體有殘留的感覺？這類「身體夢」常讓人懷疑：夢裡的不適是否暗示我真的生病了？或只是一種心理投射？

事實上，夢中的身體感受既可能源自真實的生理狀態，也可能是情緒或心理壓力的投射。潛意識會透過「身體部位」來說話，把你尚未察覺的心理負荷轉化為具象的身體感。

■ 睡眠中的感官訊號會影響夢境

科學研究指出，我們在睡眠中仍會接收到某些身體感官訊號——像是肌肉痠痛、胃部不適、呼吸困難等。這些訊號會被潛意識「編入夢境劇情」，形成與該感受對應的畫面。

舉例來說：你枕頭壓到脖子造成僵硬，可能會夢見被人勒頸；胃脹氣則可能轉化為夢中被刺中腹部。這是一種潛意識試圖「解釋異常感受」的自動運作，並不表示有重大疾病，但值得你多關注身體的狀態。

第五章　夢的語言：潛意識如何用影像說話

■ 夢見身體的心理象徵：哪裡痛就夢哪裡？

除了生理上的反應外，夢中身體痛感或異常也可能是心理與情緒的隱喻。以下是常見部位與其可能象徵的心理意義：

◆ 頭部：過度思慮、壓力大、責任感過重。
◆ 喉嚨：難以表達情緒、壓抑想說的話。
◆ 胸口：情感壓力、悲傷、愛與失落的問題。
◆ 腹部：焦慮、控制感失衡、對未來感到不安。
◆ 手腳：行動受限、缺乏自由、對某事猶豫不決。
◆ 背部／肩膀：負荷過重、責任壓力太強。

這些部位的「夢中疼痛」可能對應你近期的生活困境或心理狀態，成為潛意識提醒你「身體也在承擔你的情緒」。

■ 夢見特定疾病：焦慮還是真實警訊？

有些人會夢見自己生病、做手術、被醫生診斷，甚至夢到自己罹患癌症。這類夢是否意味著真有健康問題？

220

第八節　夢見身體：哪裡痛就夢哪裡？身體的暗示

其實這些夢更多時候反映的是：

◆ 你對健康的焦慮；
◆ 身邊親友的疾病讓你投射自身；
◆ 你正處在「需要療癒」的階段。

然而，若這類夢反覆出現，且夢中部位一致、醒來後持續有不適感，建議仍應就醫確認，以排除真正的健康問題。

夢見傷口、流血、斷肢的意涵

夢中受傷、流血或斷肢，雖然驚悚，但通常不代表災難預兆，而是象徵某種心理受創、失能或過度犧牲。

◆ 流血：象徵情緒過度付出或精神消耗。
◆ 傷口潰爛：可能象徵過去創傷未癒，或內在矛盾未解決。
◆ 肢體斷裂：代表你覺得自己「不能再行動」、「能力被削弱」，可能是工作、人際或家庭壓力太大所致。

夢用身體的毀損來表達心理的疲憊，是一種強烈的象徵語言。

第五章　夢的語言：潛意識如何用影像說話

夢中身體異變：轉型或自我重塑的徵兆

有些人夢見自己身體改變形狀、變成別人、器官外露，或身體膨脹、縮小、扭曲……這些夢不只是奇幻表現，而是心理結構重整的暗示。

◆ 身體變大或變小：對自我價值或社會定位感到不確定。
◆ 身體變形：內在對「我是誰」的身分認同產生鬆動或懷疑。
◆ 變成非人類樣貌：探索潛意識中尚未被接納的自我特質。

這些夢境表面驚悚，其實是潛意識透過身體意象探索自我成長的可能方向。

夢中的身體，是你心的留言板

無論是疼痛、變形、受傷甚至死亡，夢中的身體變化其實都是你潛意識正在訴說的「心理狀況」。它們不是虛構，而是你情緒與身體交界處最真實的提醒。

◆ 下次夢見身體異常時，不要急著否定它，也不必過度驚慌。不妨先問問自己：最近哪個情緒我一直壓著沒處理？

222

■ 第九節 被夢嚇醒怎麼辦？安撫與記錄的方法

第九節 被夢嚇醒怎麼辦？安撫與記錄的方法

◆
夢是一種語言，而身體，是它最直接的發聲器。留心傾聽，它會讓你更懂自己。

哪裡痛，其實是哪裡的壓力最大？

■ 被惡夢驚醒，是潛意識在對你呼救

你是否曾經在深夜被惡夢嚇醒？心跳加快、滿身冷汗，甚至一時之間分不清現實與夢境？這樣的經驗令人困惑又不安，許多人會擔心夢境是否預示著什麼壞事，或害怕再度入睡會再次遇見可怕的畫面。

其實，夢的本質是潛意識的訊號，而被夢嚇醒，往往代表你內在某種情緒正在過載、潛藏的壓力已經無法壓抑。夢是一種「心理自我調節機制」，被驚醒只是你的情緒能量正在尋找出口。

223

第五章　夢的語言：潛意識如何用影像說話

惡夢不是壞事，而是一種心理淨空

夢中出現令人恐懼或壓迫的內容，不一定代表你心理出了問題，反而可能是潛意識正在「主動清理」累積的焦慮、憤怒或不安。這種清理常常是劇烈的，就像心靈在掃除垃圾，過程不舒服，但對身心其實是健康的。

當夢境強烈到把你驚醒，它是在告訴你：「這個情緒已經無法再壓抑下去。」你不一定需要恐懼它，但可以透過一些方法來理解與安撫自己。

被夢驚醒後可以怎麼做？

1. 先穩定呼吸

◆ 不要急著重新解夢或思考夢境意義。

◆ 嘗試深呼吸：吸氣四秒、停四秒、吐氣六秒，重複幾次讓心跳緩下來。

2. 不要馬上開燈或滑手機

◆ 強烈光源會打亂你的褪黑激素分泌。

◆ 若需要安定情緒，可保持柔和光線並喝一小杯溫水。

224

第九節　被夢嚇醒怎麼辦？安撫與記錄的方法

3. 安撫自己不是「想清楚」，而是「感覺清楚」

◆ 惡夢往往與強烈的感受有關（害怕、罪惡、羞恥、被控制）。

◆ 不需要立刻找出夢境劇情的邏輯，而是去問自己：「我剛剛最強烈的感覺是什麼？」

4. 短暫記錄，不用寫成小作文

◆ 拿起手機或筆記本，用兩三句寫下夢的主軸，你當時的感覺。

◆ 例如：「被追、跑不動、很怕」、「家人不見，覺得孤單又無助」

記錄的重點不在劇情細節，而是抓住那個「夢後情緒核心」。

■ 重複惡夢？可能是情緒未解循環

如果你發現某些惡夢總是一再重現，不論是同一畫面、情節或感覺，這通常代表你潛意識中的某個情緒議題尚未被處理。它像一條未完結的心理旋律，一再敲門提醒你。

這時可以思考：

◆ 是否最近有什麼事情讓你壓力特別大？

◆ 是否有什麼感覺一直被壓著、說不出口？

第五章　夢的語言：潛意識如何用影像說話

重複惡夢不是懲罰，而是心理希望你「給它一點時間面對」。

如何減少被夢嚇醒的頻率？

1. 睡前放鬆，幫腦「慢下來」
   ◆ 睡前不要滑刺激性社群、追懸疑劇、看吵雜影片。
   ◆ 可嘗試播放輕音樂、進行靜坐或腹式呼吸練習。

2. 建立夢後記錄習慣
   即使不是惡夢，也可以早上起床後簡單記錄夢境與感覺，幫助潛意識知道「你在聽它說話」。

3. 飲食與作息要規律
   睡前過飽、飲酒、服用刺激性藥物皆可能增加惡夢機率。

4. 善用簡單正念練習
   將注意力回到當下，例如：感受手掌、腳掌的觸感，幫助你回到現實而非被夢境控制。

226

■ 第九節　被夢嚇醒怎麼辦？安撫與記錄的方法

■ 夢嚇醒你，不是嚇你，是喚醒你

夢的目的從來不是讓你受苦，而是讓你更認識自己。被夢驚醒，是潛意識敲門的一種方式，它也許急躁、戲劇化，卻從不惡意。

當你學會面對夢裡的恐懼、接住夢後的情緒，你會發現：夢不再那麼可怕，它只是你自己——用另一種方式，想和你對話。

願你在下次夢醒時，不只是驚慌，而是帶著理解與溫柔，回應心裡那個還在害怕的自己。

227

第五章　夢的語言：潛意識如何用影像說話

第六章

夢是情緒的映像：當潛意識幫你排情緒

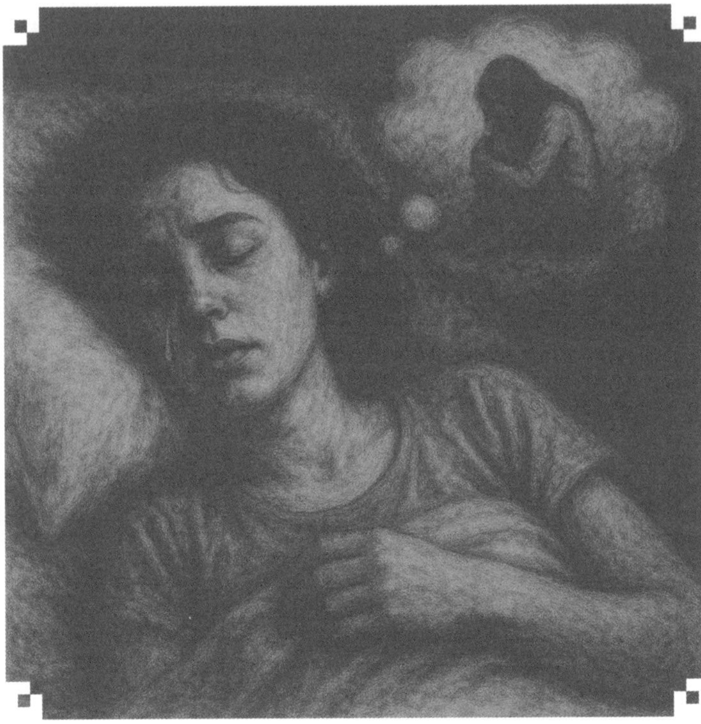

■ 第一節　心情不好時夢會變多嗎？

第一節 心情不好時夢會變多嗎？

■ 夢的頻率，其實和情緒狀態有關

你是否有過這種感覺：某段時間情緒低落、壓力很大時，突然夢特別多、特別清楚？甚至連續好幾天都記得夢境的片段，醒來後還心情沉重、腦袋混亂？這不是巧合，而是潛意識在用夢境回應你的「情緒需求」。

夢並非隨機出現的畫面，而是心理與大腦在夜間整理資訊、處理情緒的方式。當你心情不好，腦中未被處理完的情緒、事件、煩惱就會增加，潛意識會啟動更多「清理作業」，而這些過程就會在夢中被顯現出來。

■ 情緒低落＝潛意識工作量增加

大腦在睡眠中最活躍的階段是「快速動眼期（REM）」，而這正是做夢的主要時間。當我們白天情緒比較穩定時，大腦需要整理的東西不多，夢的內容可能片段、模糊。

但如果你正處於低潮期，例如⋯

第六章　夢是情緒的映像：當潛意識幫你排情緒

◆ 與伴侶爭吵後悶悶不樂
◆ 工作壓力超大又找不到出口
◆ 心中長期藏著愧疚或羞恥

那麼你的潛意識就會被迫加班，試圖透過夢境把這些「沉重感」釋放掉。夢的頻率自然也會增加，清晰度也更高。

為什麼心情差，夢反而更真實？

夢是情緒影像化的過程。當你心情不好時，情緒會變得濃烈與集中，大腦會優先處理這些帶有高情緒值的記憶或壓力片段。夢境也會變得戲劇化、誇張，甚至連感官都更加鮮明——你可能聽到夢中的聲音、看到鮮豔的色彩，甚至有嗅覺與觸覺。

這些「高感官」夢境，是潛意識強烈試圖與你對話的信號。它們不一定是在折磨你，而是在說：「我需要你注意到我內心的感受。」

心情不好不等於夢都是惡夢

不少人以為心情不好＝會做惡夢，其實不然。有些人在低潮期反而會夢見童年溫暖記憶、逝去的親人、幻想中的愛情，這些夢看似美好，實際上是一種「補償性夢境」。

■ 第一節　心情不好時夢會變多嗎？

補償夢是一種心理自我保護，它幫助我們在現實失落時，從夢中找回安全感與希望。這說明夢不只是反映情緒，還具有修復情緒的功能。

■ 怎麼分辨夢與情緒的關聯？

以下幾個現象，可能代表你的夢正在反映情緒：

◆ 一段時間內夢特別多、情節清楚
◆ 醒來後持續感到情緒波動（如難過、焦慮、疲憊）
◆ 夢境內容反覆出現某人、某情境、某地點
◆ 夢中常出現追逐、逃跑、迷路、失控等畫面

如果你發現自己常夢見這些場景，不妨回頭看看最近生活裡是否有某些壓力正在悄悄累積？

■ 記錄夢境，是理解情緒的好方法

夢是潛意識的情緒日記，但它不會自動存檔。你必須主動「接住」它，才能讓這些訊息轉化為有意識的覺察。

試試以下方法：

第六章　夢是情緒的映像：當潛意識幫你排情緒

夢，是心情的回饋

- 起床後簡單寫下夢的主軸與感受，不求完整，只求真實
- 留意是否有夢境重複出現
- 夢中的情緒強度是否與白天某些時刻呼應

當你開始記錄，你會發現：夢比你想像的誠實，也更有系統。

心情不好時夢會變多，這不是迷信，而是大腦與潛意識在幫你「消化情緒」。不要怕夢太多，也不要因為夢太混亂就以為自己有問題。

夢只是心情的延伸，是一種無聲的提醒：「你累了，你需要被聽見。」

下一次，當你心情低落時，不妨溫柔地看待那一夜的夢——它可能正是你的內在，在用自己的方式陪你走過一段難熬的時光。

234

■ 第二節　壓力大，夢會比較激烈嗎？

第二節 壓力大，夢會比較激烈嗎？

■ 當白天壓力拉滿，晚上夢就開演

你是否有過這種情況：白天焦頭爛額、忙到喘不過氣，晚上卻夢見自己在火場逃命、被人追殺，甚至夢裡不停奔跑卻怎麼也跑不動？這些夢境不僅激烈，還常常讓人醒來時感到身心俱疲。

這樣的夢不是偶然，而是大腦與潛意識對「壓力堆積」的直接反應。壓力會讓身體處於一種高度警戒狀態，即便入睡後，腦部仍可能處在過度活躍模式，夢就變得更加戲劇化、強烈，甚至帶有驚悚感。

■ 為什麼壓力會讓夢變劇烈？

壓力是大腦和身體的綜合反應。當我們長時間面對壓力，體內會釋放壓力荷爾蒙（如皮質醇），這些化學物質不只影響清醒狀態，還會滲透到睡眠階段。特別是在快速動眼期（REM），大腦會嘗試處理白天未消化的壓力源，這些處理活動就變成夢境內容。

當壓力過大，大腦傾向選擇「強烈刺激」的象徵——例如追逐、坍塌、掉落、爆炸、窒息等劇烈畫面來映射你心中的焦躁與失控感。

第六章　夢是情緒的映像：當潛意識幫你排情緒

高壓時期的典型夢境類型

以下是壓力高漲時常出現的夢型：

◆ 追逐夢：反映現實中你感到被時間、任務、責任追趕。
◆ 考試夢：代表你對自我能力的懷疑，或害怕被評價的焦慮。
◆ 掉落夢：象徵對失敗或無法掌控局勢的恐懼。
◆ 無法出聲或動彈：顯示你在現實中難以發聲或行動受限。

這些夢境雖看似奇幻，卻都在模擬一種「壓力極限狀態」。

夢中的激烈感，其實是潛意識的預警

夢的激烈不是要嚇你，而是潛意識在幫你「演練情緒危機」。在夢中你體驗被壓迫、奔逃、脆弱，是因為你的心理系統希望透過這種模擬來釋放部分壓力，避免白天的你徹底崩潰。

這是一種「自我修復的預演」：夢用誇張的形式，把壓力情境具象化，好讓你的大腦有機會練習面對這些困境的情緒反應。

236

■ 第二節　壓力大，夢會比較激烈嗎？

壓力型夢境會影響睡眠品質嗎？

會。當你做的夢過於劇烈，可能會導致淺眠、頻繁醒來，甚至無法完整進入深層睡眠階段。這也解釋了為什麼你會覺得「明明睡了一整晚，卻還是很累」。

壓力型夢不只是心理上的重演，也可能讓身體維持在高度警覺狀態，長期下來可能影響身心健康。

如何緩解這類夢的影響？

1. 讓壓力在白天找到出口
   ◆ 每天安排十到十五分鐘靜心時間，讓情緒得到釋放
   ◆ 用書寫或對話方式處理壓力來源，減少潛意識的壓力負荷

2. 睡前放鬆儀式化
   ◆ 熄燈前一小時不接觸工作與刺激資訊
   ◆ 可使用溫熱泡腳、芳療、冥想音樂等方式安撫神經系統

第六章　夢是情緒的映像：當潛意識幫你排情緒

3. 記錄夢境，釋放壓力故事
   ◆ 若夢境重複出現，可試著記錄劇情與夢中情緒，幫助自己「意識化」壓力內容
   ◆ 記錄不需冗長，重點在於捕捉情緒核心

4. 身體活動有助釋放焦慮
   白天進行規律運動，如快走、瑜伽、伸展，有助調節壓力激素與改善睡眠品質。

■ 夢裡的激烈，是你的情緒在找出口

壓力大的時候，夢會更強烈，這不是病態，而是潛意識在為你「排壓」。夢境中的緊張與混亂，反映的是你日常生活中未能被安放的焦慮與壓力。

與其害怕激烈的夢，不如學著理解它背後的訊息。夢正帶你走進一場情緒的放映會，提醒你：你需要喘息、你需要覺察、你需要照顧自己的內在狀態。

學會與夢共處，也許就是學會在現實中更從容地面對壓力的第一步。

238

■ 第三節　情緒如何在夢中「演一遍」？

第三節　情緒如何在夢中「演一遍」？

■ 夢，是情緒的重播劇場

你是否曾在夢中經歷一場令人心碎的對話，或重新回到某段你以為早已放下的回憶？夢境有時像是一齣熟悉的戲碼重演，每一個角色、場景與對白都帶著情緒重量，讓你在睡夢中再次觸碰內心深處的情感。

其實，夢不只是腦袋的隨機放電影，它是一種潛意識的「情緒再現」。大腦在睡眠期間，會主動將白天未處理完的情緒經驗，搬上夢的舞臺「演一遍」，試圖整理與釋放那些尚未被理解、接受或排解的感受。

■ 為什麼夢境是處理情緒的方式？

夢境與情緒的深層連結，來自於大腦結構的運作。當我們睡眠時，主管情緒記憶的杏仁核依然活躍，而主管邏輯與控制的大腦前額葉則進入休眠。這種狀態讓情緒得以不受控地浮現，並以象徵、故事或劇情的方式被「演出」。

你以為自己只是做了一個夢，但事實上，你的情緒正在夢裡被重新整理。

239

第六章　夢是情緒的映像：當潛意識幫你排情緒

哪些情緒最容易進入夢中？

在日常生活中，我們常常壓抑情緒。特別是以下這些感受：

◇ 想念卻不能表達的情感
◇ 工作上的羞辱感或無力感
◇ 分手後未完的悲傷
◇ 沒說出口的委屈
◇ 忍耐太久的怒氣

這些「未被處理的情緒殘渣」，一旦在白天找不到出口，夜裡就會用夢的形式冒出來。不論是夢見與前任對話、夢中哭泣、被責備、道歉甚至原諒——這些夢，都是情緒的「重演與補償」。

情緒夢的四種常見樣貌

1. 修復型的夢

夢裡與某人重修舊好、解開誤會，代表你內心想和某段過去和解。

2. 宣洩型的夢

夢中放聲痛哭、破口大罵，反映你白天壓抑的情緒正在尋找出口。

240

第三節　情緒如何在夢中「演一遍」？

3. 重複型的夢

   同樣的場景、對白、情緒不斷出現，顯示某段情感尚未完結。

4. 象徵型的夢

   情緒不以真實事件出現，而以象徵畫面（如掉落、黑色洪水、迷宮）表達你的內在狀態。

■ 夢裡哭出來，其實是你在釋放

很多人說自己夢中哭得很慘，甚至哭醒。這樣的夢看似悲傷，其實是一種心理釋放的具體表現。

在現實中我們常「不允許自己脆弱」，但夢裡沒人會笑你、責怪你，所以夢提供了一個情緒完全自由的空間。你可以悲傷、發火、懷念、傾訴，而潛意識會默默接住你。

這些夢過後，許多人反而感覺清爽，彷彿壓力卸下一點。這就是夢的療癒功能。

■ 情緒演完後，夢會幫你修復

根據睡眠與情緒研究，夢境除了重播，也具備「情緒修復」功能。你會發現，有些情緒夢的後段會出現安慰者（可能是你媽媽、朋友甚至不認識的人），或出現轉機（如烏雲散去、場景變亮）。

這些都代表你的潛意識不只是表達情緒，還在嘗試「包裹那個情緒」。夢幫助你重整混亂的感覺，讓你醒來後能稍微輕鬆一些。

第六章　夢是情緒的映像：當潛意識幫你排情緒

怎麼讓夢幫助我處理情緒？

1. 睡前反思，不壓抑白天的情緒

　　在入睡前花幾分鐘誠實面對自己今天的情緒，越坦誠，夢就越不需要誇張演出。

2. 夢後記錄感受，不是細節

　　不必寫整個夢的劇情，記錄夢後的感覺更重要，例如：「我覺得好遺憾」、「我好像終於道了歉」。

3. 面對夢境重複，別怕，它只是還沒演完

　　若某個夢一直出現，可能那份情緒還未釋放完全。你可以透過創作、書寫或與人分享的方式加速釋放。

■ 夢，是情緒最溫柔的劇場

　　夢不只是夜間大腦的亂播，而是情緒的重播與重整空間。你不必害怕那些看似熟悉又痛苦的夢，它們其實是在說：「你值得被安慰，你可以把這段演完，再放心地往前走。」

　　夢中的每一次重演，都是潛意識給你的擁抱，讓你知道：即使你白天太忙沒時間照顧自己的感受，夜晚的夢，會為你補上一課完整的情緒體驗。

242

第四節　被夢感動哭醒：心理釋放的表現

哭醒的夢，不是悲劇，而是一種內在鬆動

你是否曾經有過這樣的經驗：夢中某個情境觸動你的心，淚水潸然而下，醒來後臉頰還是溼的？哭醒的感覺不像驚嚇那般劇烈，而是帶著一種沉重、釋放後的空虛感。有些人會說「好感動」、「好像終於說出口」，也有人只是單純落淚卻說不上夢的內容。

這樣的夢，並不只是單純的「難過」，它更是一種潛意識的深層整理。當你長期壓抑情緒，或內在有某段情感未曾梳理，夢就可能設計出一個觸動點，讓你「終於哭出來」。這不是災難，而是心理自我療癒的一部分。

為什麼會在夢裡哭？

夢中的哭泣不是偶然。從心理生理的角度來說，當你睡眠時大腦的前額葉活動降低，情緒中樞如杏仁核仍維持高度活躍，這讓潛在的感受容易浮現。夢境不再有現實的壓力、角色、禮貌、社會框架，因此情緒得以自由流動。

243

第六章　夢是情緒的映像：當潛意識幫你排情緒

■ 被感動的夢，不一定是記憶的重演

有時候你夢見的是一位素未謀面的角色，一段虛構情節，但卻深深打動了你。這是因為夢不需要照搬現實，它可以創造一個「象徵性情境」，投射出你內在的情緒核心。

例如：

◆ 夢見一位老婦人擁抱你，讓你淚崩，那可能是你對關愛的渴望；
◆ 在夢中終於和一位「好像前任但又不是」的人道別，代表你內在終於放下；
◆ 夢裡看見自己小時候孤單地坐在角落，流下眼淚，代表你正在接納過去的自己。

這些情節也許不真實，但情緒是真實的。潛意識用象徵與劇情的結構，幫你完成一次「情緒的結案陳詞」。

■ 為什麼醒來後反而舒服了？

許多人在被夢中感動哭醒後，會有一種奇妙的輕鬆感。雖然淚痕猶在，但情緒彷彿沉澱了，心也

若你長期將感動、遺憾、愛、悔恨、哀傷藏在心底，夢就是那個讓你「安全地釋放」的場域。潛意識像個導演，編排出一段劇情，讓你終於落淚，不再需要撐住。

244

第四節　被夢感動哭醒：心理釋放的表現

沒那麼重了。

這正是「心理釋放」發生的證據。就像身體排毒一樣，夢中的哭泣幫助你排出積壓的感受。這種由內而外的鬆動，常常是療癒歷程的一部分。

哭醒不是退步，而是你的內心結構正在轉動。

■ 夢中流淚，潛意識想說什麼？

你可以透過以下問題來幫助自己理解夢中的眼淚：

◆ 夢中我在為什麼事哭？是誰讓我感動了？
◆ 我在現實中是否有類似的情境沒表達出來？
◆ 我是否很久沒有允許自己感動或難過了？

這些問題的答案，未必需要立刻找出來。重點在於你開始允許「感受浮現」，而不是繼續忽視它。

■ 該如何回應哭醒的自己？

1. 先接住情緒，不急著理解

有時候夢的劇情模糊，但哭是真的。你不需要解釋它，只要溫柔對待那個剛剛流淚的自己。

第六章　夢是情緒的映像：當潛意識幫你排情緒

2. 記錄下感動的情緒片段

也許你不記得夢內容，但那個「被擁抱的感覺」、「終於說出口的話」，可以簡單寫下，這將成為你情緒復原的軌跡。

3. 善用夢後的情緒餘韻

醒來那段時間，你的內心是開放的。這時候進行深呼吸、伸展或靜坐，都能讓情緒完成一次完整循環。

4. 不要羞於哭泣

夢中的哭，是身心整合的一環。如果你因此而自責或壓抑，只會讓情緒再次被封存。

■ 夢裡的眼淚，是你心的轉機

當你在夢中哭了，甚至哭醒了，那不是你太脆弱，而是你終於開始聽見自己。夢，用最溫柔的方式告訴你：「你可以悲傷，你可以感動，你可以不再逞強。」

夢裡的眼淚，總是在說一件事——你正走在療癒的路上，而你已經比昨天更靠近真實的自己了。

246

第五節　憤怒夢境：你白天忍耐太久了嗎？

第五節　憤怒夢境：你白天忍耐太久了嗎？

■ 為什麼在夢裡發火？

你是否曾經夢見自己大吼大叫，甚至暴怒摔東西、與他人激烈爭吵？醒來後心跳還沒緩下來，腦中還浮現夢裡怒火中燒的畫面。這種夢讓人既震驚又疑惑：我平常也不是個容易生氣的人，為什麼會在夢裡「爆炸」？

其實，夢裡的憤怒並不是無緣無故出現，它往往是白天生活中累積的壓抑情緒，潛意識在夜裡找了個舞臺「演出」出來。夢是你情緒倉庫的安全出口，而憤怒則是最常被壓抑、也最需要出口的情緒之一。

■ 憤怒夢境是什麼？

憤怒夢境指的是夢中你表現出強烈的怒氣，可能是對家人咆哮、與上司吵架、與陌生人打架，甚至出現暴力情節。這些夢境未必反映現實裡的你，但它們精確地揭示了你內在的壓力張力。

這些夢的特徵包括：

247

第六章　夢是情緒的映像：當潛意識幫你排情緒

- 高張力的情緒（怒吼、指責、咒罵）
- 動作劇烈（摔東西、推人、揮拳）
- 通常沒有合理的情節起點
- 醒來後感覺疲累、胸口悶，甚至覺得自己很可怕

為什麼我們會壓抑憤怒？

在現代社會，「不要發脾氣」幾乎是一種潛規則。我們從小被教育要有禮貌、壓抑情緒、懂得忍耐。因此，當我們面對不公、受委屈、被侵犯邊界時，常常選擇吞忍，而不是正面表達。

這些沒有出口的怒氣，會慢慢堆積在潛意識裡。久而久之，夢就成為它唯一的釋放場域。

夢到憤怒的常見情境

1. 對熟人爆發怒氣

夢中對親人、同事、伴侶大發雷霆，往往對應現實中你在與這些人互動時長期壓抑自己的感受。

2. 對權威發火

夢裡對老師、上司、警察等「高位者」怒罵，可能象徵你在真實世界中感受到壓迫卻不敢反抗。

248

第五節　憤怒夢境：你白天忍耐太久了嗎？

3. 莫名憤怒失控

夢境中你突然對陌生人或小事發火，可能反映你日常生活中「累積性不滿」已經超過臨界點。

憤怒夢境不是壞事，是情緒保護機制

夢中的憤怒其實是在幫助你「先發洩」，避免情緒過度積壓後在現實中爆發。它是一種潛意識為了讓你維持白天理智而進行的「夜間情緒排毒」。

比起把怒氣留在體內變成頭痛、胃痛或焦慮，夢中的吼叫與衝突其實更像是一場心理釋壓演習。

如何回應憤怒夢境？

1. 不要自責夢裡的自己

憤怒夢不代表你是壞人，只是你內在累積太久沒說的情緒終於開口說話。

2. 回頭檢查壓力來源

最近是否太壓抑自己？是否有人或某件事讓你感到「一直忍耐」？

3. 書寫夢後感受，而不是夢中劇情

寫下「我在夢中好像真的很想罵某人」，這比記劇情更重要，幫助你覺察未被處理的怒氣。

第六章　夢是情緒的映像：當潛意識幫你排情緒

4. 為自己設一個情緒出口

運動、寫信、喊叫、畫畫、唱歌、哭泣……都是讓怒氣有地方去的方法。

■ 憤怒夢境重複出現，怎麼辦？

當你發現這類夢經常出現，可能是潛意識不斷提醒你：你有些界線需要劃清楚，有些話需要說出來，有些委屈需要面對。

持續出現憤怒夢境，是心理狀態對你發出的警訊，並非讓你陷入痛苦，而是促使你開始正視那些「裝作沒事」的部分。

■ 夢中的怒吼，是你靜靜忍耐的反面聲音

我們都習慣壓住怒氣，只為了扮演一個「不惹事」的人。但夢不會撒謊，它會替你喊出你不敢說的話。

下一次夢裡發怒，請記得，這不代表你失控，而是代表你「終於不再壓抑」。夢，是你內在最忠實的喉嚨，它喊出來，是為了讓你能活得更自在。

250

■ 第六節　情緒壓抑的人夢會比較亂嗎？

第六節　情緒壓抑的人夢會比較亂嗎？

當白天太安靜，夢裡就會吵鬧

你是否認識這樣的人：平常個性溫和、不善表達情緒，總是笑著說「沒事」，但晚上卻常做夢，而且夢境混亂、場景跳接快速、情節支離破碎？

這不是巧合。從心理角度來看，情緒壓抑的人，潛意識裡有更多未被處理的「感覺殘渣」。而夢，是潛意識最活躍的運作平臺，當你白天壓得越多，夢裡自然就更容易混亂與擁擠。

壓抑與混亂夢境的心理連動

所謂「壓抑」，是指你在日常生活中習慣忽略、否認或合理化自己的情緒。你可能告訴自己「我不可以生氣」、「這件事沒那麼嚴重」、「我已經忘記了」，但潛意識不會被說服。它會記下那些未被處理的情緒，並在夢中尋找出口。

當這些積壓的感受在夢中同時浮現，夢就會出現：

◆ 快速跳轉的場景

第六章　夢是情緒的映像：當潛意識幫你排情緒

- 重複無解的任務
- 不合理的人物組合
- 無法解釋的情緒波動

這些現象不代表你精神混亂，而是內在太多壓力被一起擠進夢裡，導致訊息交雜難以整理。

情緒壓抑型夢境的特徵

- 缺乏連貫劇情：夢境像打散的拼圖，一段接一段，沒有頭也沒有尾。
- 夢境人物不明確：可能出現一些你知道是誰但又看不清臉的人物。
- 場景變換頻繁：從學校到陌生城市再到辦公室，沒有邏輯可言。
- 情緒反應誇大：你可能在夢中對小事爆哭或莫名感到壓迫。

這些現象代表的並非你「夢太多」，而是你在夢裡「想處理的東西太多了」。

為什麼壓抑者的夢比較難記？

一個有趣的現象是：情緒壓抑的人夢很多，但卻經常記不住內容。這是因為大腦在試圖保護你，不讓你白天繼續被夢中的壓力影響。換言之，這是一種「情緒暫存系統」，讓你可以白天正常運作。

252

第六節　情緒壓抑的人夢會比較亂嗎？

不過，這也表示你未曾正視那些情緒，它們只是在夢裡重複打轉，等待有一天你願意面對。

如何讓夢境不再混亂？

1. **每天安排「覺察情緒」的時段**

   不需要長，每天花分鐘問自己：「今天有沒有哪一刻，我的情緒沒說出來？」

2. **建立「小出口」幫情緒減壓**

   可以是日記、畫畫、運動、與朋友聊聊，不一定要說得很完整，但要給情緒一個表達管道。

3. **睡前進行簡單的呼吸放鬆**

   減緩神經系統過度活躍的程度，幫助潛意識整理而非傾瀉情緒。

4. **學會「不壓下去」**

   情緒來的當下，不用急著壓下去。你可以對自己說：「我現在覺得很不舒服，沒關係，等一下我來處理它。」這句話會大幅減少情緒被丟進夢裡的機率。

第六章　夢是情緒的映像：當潛意識幫你排情緒

■ **夢裡的混亂，是壓抑過久的信號燈**

情緒壓抑的人，夢會比較亂，這不是詛咒，也不是你想太多，而是你內在已經累積了太多需要被整理的東西。

與其擔心夢亂，不如回頭看看自己是否一直用「還好啦」、「我沒事」來逃避真正的感受。

夢不會騙你，它只是在說出你白天沒說完的話。當你願意好好聽，夢自然會變得清晰、明亮，也會少一點喧囂與迷惘。

第七節　情緒好壞，夢的顏色也會變？

■ **做夢有顏色嗎？**

你是否曾經夢過一個色彩鮮明的場景？夢裡的天空特別藍、花朵特別豔，甚至有時是整片灰白、陰鬱，像蒙上一層濾鏡的世界？夢境的顏色變化，其實並不只是隨機現象，而可能與你的情緒狀態密切相關。

254

第七節　情緒好壞，夢的顏色也會變？

雖然不是每個人都會「記得夢的顏色」，但那些清晰、有色彩的夢往往發生在你情緒特別強烈或敏感的時刻。而顏色，在夢中也有其象徵意義，是潛意識傳遞情緒的一種方式。

■ 顏色，是潛意識的情緒顯影

在現實生活中，我們會用顏色形容情緒：「心情很 blue」、「滿臉通紅」、「灰濛濛的一天」……這些語言反映了人類對情緒與色彩的自然連結。夢也一樣。

潛意識會根據你的內在情緒，在夢中創造相對應的色彩氛圍。例如：

◆ 心情愉快時，夢中的色彩可能明亮、有層次
◆ 情緒低落時，夢境容易偏灰、黑、模糊或失焦
◆ 焦慮時，夢中的紅色、橘色可能頻繁出現
◆ 冷靜或淡然時，夢境可能有大量的藍或白色

這些顏色並非固定對應，但有其情緒參照的普遍性。

第六章　夢是情緒的映像：當潛意識幫你排情緒

常見夢境色彩與情緒對應

1. 紅色
   代表強烈情緒，如憤怒、激情、衝突，也可能是身體本能（如性、攻擊）的象徵。

2. 藍色
   與平靜、孤獨、反思有關，有時也代表壓抑與疏離。

3. 黃色
   象徵希望、好奇、警覺，也可能是對未知的焦慮。

4. 黑色
   不是不好的顏色，但常出現在迷惘、哀傷、內心封閉的夢境中。

5. 白色
   清晰、空白、重生，或是逃避情緒、失去方向的狀態。

6. 灰色
   模糊地帶，通常出現在心理過渡期或壓力未定義時期。

256

■ 第七節　情緒好壞，夢的顏色也會變？

7. 綠色

成長、療癒、希望，但過度濃烈也可能是嫉妒或壓抑的象徵。

■ 無色夢＝情緒被壓住了？

有些人說自己「從來沒夢過有顏色」，其實可能是兩種情況：

◆ 夢境本身色彩不明顯，象徵情緒尚未被打開或過度壓抑

◆ 或是醒來後記憶太快消退，顏色被「洗掉」了

如果你長期只夢見灰暗、沒有光感的夢境，不見得是壞事，但可能提示你「內在還有感覺沒被碰觸」──你的潛意識還在等待一個讓情緒現形的安全空間。

■ 夢的顏色可以改變嗎？

有趣的是，當你開始正視情緒、願意覺察與表達，夢境的顏色也會隨之變得更豐富。這是一種很細膩的變化：

◆ 本來總是灰白的夢，開始出現綠色植物、陽光光影

第六章　夢是情緒的映像：當潛意識幫你排情緒

◆ 常出現黑暗場景的人，開始夢見燈光、開窗、星空這些細節都在說明——你的內在正在甦醒。

■ 如何觀察夢的色彩？

1. 起床後簡單記下顏色印象
不一定要記住細節，只需寫下「今天夢裡好像有很多藍色」或「整個夢都是灰灰的」即可。

2. 搭配夢中感受來理解顏色
同樣是紅色，有時是熱情，有時是危險，要看當下夢境情緒如何。

3. 顏色出現在哪裡？與誰有關？
是衣服、天氣、背景，還是某個人？這會給你更多提示夢境中的象徵訊號。

■ 夢的色彩，是你心情的光譜

情緒的變化會在夢中上色，夢境的顏色並非裝飾，而是潛意識最誠實的情緒語言。不要小看那些你以為「只是藍藍的背景」，它可能就是你內心平靜、憂鬱或渴望自由的投影。

258

第八節　為什麼夢完覺得輕鬆？內在清理完成

當你開始留意夢裡的顏色，你也就開始看見了自己情緒的脈絡。夢，是心情的調色盤，而你，就是那位每天晚上為自己上色的畫家。

第八節　為什麼夢完覺得輕鬆？內在清理完成

做完夢反而放鬆？這不是巧合

有些人會在一場長長的夢後醒來，雖然夢的情節繁複，甚至帶有情緒張力，卻感覺心情出奇地輕鬆。彷彿在睡眠中「經歷了一場什麼」，醒來後壓力少了一點、煩惱淡了一點，整個人像是被重新洗滌過一般。這不是錯覺，而是一種潛意識完成「情緒清理」的真實體驗。

夢，是心理的夜間清潔系統

就像白天的腦袋處理大量資訊、情緒與壓力，夜晚的大腦會透過夢境進行整合、歸檔、排毒。當我們進入快速動眼期（REM 睡眠），大腦會啟動情緒與記憶的再整理程序，把未完成的情緒、未釋放

第六章　夢是情緒的映像：當潛意識幫你排情緒

的壓力「搬上夢境舞臺」，進行一場深層的心理加工。這個過程可能帶來奇幻的劇情、濃烈的情緒或象徵性的畫面。等於你在夢中「經歷了一次心理排毒」，醒來後自然感覺輕盈。

清理完成的夢，通常有這些特徵

◆ 情緒有起伏但有結尾：例如一場爭吵後夢中出現擁抱、逃難後出現平安的畫面。

◆ 夢中自己有主導權：即使遭遇挑戰，你能在夢中做決定、轉身離開或保護自己。

◆ 畫面流暢不混亂：情節連貫、有主題，代表內在正在「有系統地」處理壓力。

◆ 醒來後情緒釋放感強烈：你可能哭過、笑過、原諒過——那是情緒流動的證明。

心理上的「乾淨感」從哪裡來？

清理型夢境背後的關鍵，不是夢的內容，而是你在夢中「完成了什麼」。也許是：

◆ 終於允許自己難過、表達、原諒

◆ 再次回到一段記憶裡，這次你沒有逃

◆ 終於對某人說出壓在心底的話

260

■ 第八節　為什麼夢完覺得輕鬆？內在清理完成

這些象徵性的夢中行動，實際上是內在完成某種情緒流程的跡象。夢讓你經歷一次「未竟之事的補課」，當情緒獲得處理，大腦也就能歸檔完成，不再反覆提醒你。

■ 為什麼有時候清理完也會哭？

有些人在夢後雖感到放鬆，卻還是落淚、感傷。這是因為「清理完成」不代表沒有情緒，而是這些情緒終於被允許存在。

你終於允許自己悲傷、感動、憤怒或懷念，而不是一直壓抑它們。這些被接納的情緒，會在夢中被溫柔釋放。

■ 如何幫助夢境進行「內在清理」？

1. 睡前安靜五分鐘，對自己說實話
告訴自己今天過得怎樣、哪個情緒還沒釋放出來。這個動作會讓潛意識「接到訊號」。

2. 起床後記錄「感覺」而不是「劇情」
例如：「我覺得放下了」、「好像釋懷了」、「不再那麼執著了」，這些是清理完成的徵兆。

261

第六章　夢是情緒的映像：當潛意識幫你排情緒

3. 觀察連續幾天的夢變化

如果夢逐漸從混亂轉為清晰，或從焦慮轉為平靜，代表你的潛意識已開始在幫你排壓。

■ 夢，是你心裡的清潔工

當你做完一場讓你感覺輕鬆的夢，那不是虛構的美好，而是你內在系統真的完成了一次整理。夢裡可能沒有明確答案，但它做了比「知道」更重要的事——讓你「釋懷」。

所以，下次醒來覺得鬆了一口氣、情緒沒那麼沉重時，不妨說聲謝謝——你的夢，昨晚為你做了一場深層的心理家事。

第九節　每天記錄夢有幫助嗎？情緒追蹤日記

■ 記夢，是與潛意識對話的起點

你是否曾在醒來的瞬間記得剛剛的夢境，但過不到幾分鐘就全忘光了？夢境就像是夜晚寫給你的

262

■ 第九節　每天記錄夢有幫助嗎？情緒追蹤日記

■ 記錄夢境，不只是為了記得

很多人以為記夢是為了記住劇情、解析象徵，但其實更深的目的，是「觀察自己的內在變化」。

夢是情緒的濃縮劇本，每天的夢境變化，就是你每天心情變動的投影。

當你每天記夢，你會發現：

◆ 某些情境會反覆出現（暗示某個情緒尚未處理完）
◆ 某些角色會變化（反映你與特定人際關係的狀態）
◆ 某些夢的氛圍會從混亂到清晰（代表你開始釐清某段內心糾結）

這些觀察，會讓你更容易掌握自己「正在經歷什麼心理階段」。

一封信，若你沒有閱讀，它就會自動銷毀。這也是為什麼記錄夢境會這麼重要。

夢是潛意識最私密的表達方式。透過夢，你能窺見未被察覺的情緒、渴望、壓力與未解的心結。

而夢的紀錄，等於為潛意識留下了一條「溝通軌跡」，讓你能循著這些線索，更了解自己當下的心理狀態。

263

第六章　夢是情緒的映像：當潛意識幫你排情緒

記夢帶來的三大心理效益

1. 情緒追蹤：幫你看見感覺的起伏

　　比起問自己「我今天心情好嗎？」夢境會誠實地反映出你真正的感覺。你可以從夢的色調、情緒張力、出現的角色來判斷壓力指數。

2. 潛意識溝通：讓內在有被傾聽的感覺

　　當你願意記錄夢境，潛意識會感受到「你在聽它說話」，進而產生更多與你的合作與釋放。

3. 創造心理安全感：你不再害怕夢的內容

　　當你看懂夢在說什麼，你就不再害怕惡夢或混亂的場景，因為你知道：那只是你的情緒在說話。

怎麼記夢？不需要太難

你不需要寫出一篇小說，也不需要每晚追蹤細節。只要依循以下方式，就能開始：

◆ 固定地點與工具：放一本小筆記本在床邊，或使用手機語音備忘錄。

◆ 起床後分鐘內記錄：夢境在醒來後幾分鐘內最清楚，時間越久遺忘越快。

◆ 記「感覺」比劇情更重要：例如「夢到在學校迷路，很焦急」比「教室怎樣、誰出現」更有價值。

264

第九節　每天記錄夢有幫助嗎？情緒追蹤日記

- 用關鍵字標記夢境元素：像是前面提到的「掉牙」、「被追」、「前任」、「飛起來」等相關夢境⋯⋯這些都能讓你日後回頭分析時更有參考性。

結合情緒日記，效果加倍

你可以在夢境記錄後，寫下一句「今天醒來後的情緒」：

- 覺得害怕？
- 覺得莫名難過？
- 覺得放鬆？

這將幫助你建立一份「情緒變化地圖」，時間一久，你會發現自己的內在節奏與狀態趨勢。

持續記錄，會看見什麼？

- 發現重複模式：每當你壓力大，就夢見自己趕不上車
- 看見改善趨勢：某段時間後，你的夢變得溫和、色彩更明亮
- 注意潛藏問題：若某些情境持續出現，可能潛藏未解的心理困擾

這些發現，會成為你自我理解與調節的寶貴素材。

第六章　夢是情緒的映像：當潛意識幫你排情緒

■ 記夢，是一種溫柔的自我陪伴

每天記夢，並不是讓你變成解夢專家，而是讓你學會與自己相處、理解自己未曾察覺的心情與期待。夢境是你的心，在夜裡留下的筆跡。

當你願意讀它、寫它、陪它，你就開始學會傾聽自己。而情緒，也會因為被理解，而漸漸穩定、清晰，甚至被療癒。

第十節　用夢境整理情緒，有可能嗎？

■ 夢，不只是混亂，而是有系統的整理

很多人會說夢境很亂、沒邏輯、像是被隨機拼湊起來的劇情，但你知道嗎？在看似凌亂的背後，夢其實有一套自成邏輯的「心理整理系統」。它可能不像日記那樣清楚明白，但卻非常有效率地在處理你未處理的情緒。

266

■ 第十節　用夢境整理情緒，有可能嗎？

情緒整理，在夢中發生的三種方式

夢境會將白天你壓抑的情感、難以面對的衝突，或是未竟的關係、未解的困惑，用象徵性的劇情或角色形式演出，目的不是讓你困惑，而是讓你透過「經歷」而不是「分析」去完成一次情緒的梳理。

1. 補償型夢境

當你白天受到打擊、失落或無法完成的願望，夢中會透過「成功」、「被肯定」、「復合」、「自由」等劇情來補償現實中的缺憾。

這種補償不是逃避，而是心理的一種「修補與療癒」功能。

2. 重演型夢境

若某段記憶、情境、對話重複出現在夢中，可能代表那段經歷尚未被你完全消化，夢透過重演讓你漸漸鬆動情緒結構。

3. 象徵型夢境

有些夢中劇情荒誕不經，實際上只是情緒的「隱喻表達」。例如夢見地震，可能象徵內心劇烈動盪；夢見自己掉入水中，可能對應情緒失控或被壓抑的悲傷。

267

第六章　夢是情緒的映像：當潛意識幫你排情緒

情緒整理完成的夢有什麼特徵？

◆ 雖然夢中經歷強烈衝突，但最後能得到某種釋放或平靜
◆ 夢境主角的情緒轉變清楚，從混亂到理解，從緊繃到舒緩
◆ 醒來後感到「輕鬆」、「好像比較懂自己」、「不那麼在意某些事了」

這些夢代表：潛意識正在幫你做情緒的編排與儲存，就像把亂七八糟的衣服分類折好放進抽屜。

可以刻意讓夢來幫我整理情緒嗎？

雖然夢無法完全被控制，但你可以創造條件讓夢境成為你的「心理助手」：

1. 睡前問自己一個問題

例如：「我最近對什麼事情最不安？」不需要回答它，只要誠實地問，潛意識就會開始運作。

2. 讓情緒停在夢前，而不是壓到睡裡

睡前盡量不要看新聞、滑手機或與人爭執，而是靜下來感受今天的情緒停留在哪裡。

第十節　用夢境整理情緒，有可能嗎？

3. 夢後書寫情緒，而非解析夢境

與其研究夢的象徵，不如記下：「我夢完後覺得比較不那麼憤怒了」或「雖然夢中沒有他，但我覺得和他道別了」。

■ 夢的功能，就像夜裡的心靈整理師

夢不是把白天重播一次，而是將那些你沒說出口的感覺、沒結束的情緒、被你壓在心底的困惑，透過影像語言、敘事結構與情境安排進行一次「無聲的心理整理」。

這種整理是潛意識自動完成的，不需要你刻意參與，但如果你願意注意它、回應它、與它合作，夢就能成為你最忠實的情緒整理員。

■ 讓夢成為你的夜間心理師

夢境無聲，卻總是貼近你心最深的角落。它不講道理，卻總能道出你的難言與壓抑。

若你願意相信——夢不是來搗亂的，它是潛意識替你設計的劇場，那麼每一場夢，都有可能是一次情緒的整理、一場釋放的演出。

你不需要會解夢，只要願意觀夢，就能從中找到那個逐漸安穩、逐漸理解、逐漸痊癒的自己。

269

第六章　夢是情緒的映像：當潛意識幫你排情緒

第七章
清醒夢入門：學會在夢中覺醒與掌控

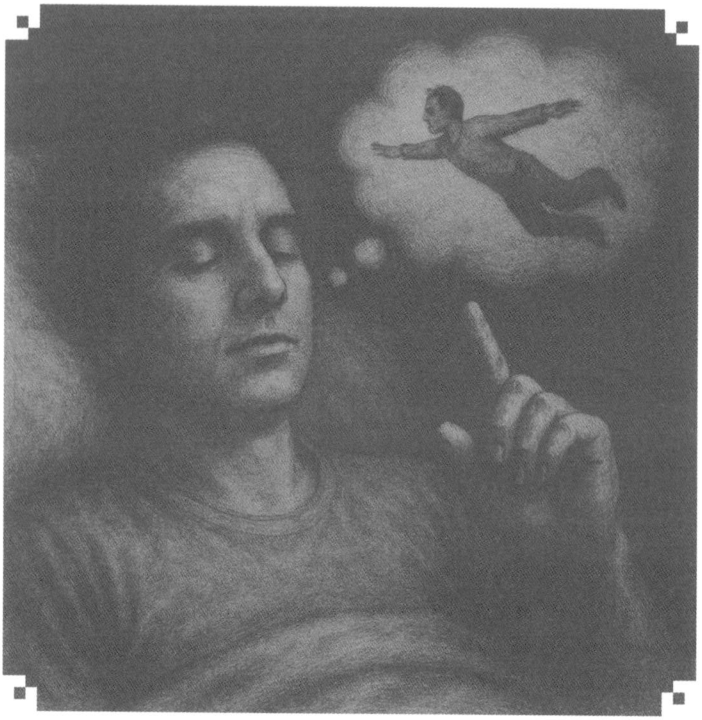

■ 第一節　什麼是清醒夢？你真的能在夢裡清醒嗎？

第一節 什麼是清醒夢？你真的能在夢裡清醒嗎？

■ 做夢時「我知道我在做夢」是什麼感覺？

你有沒有過這樣的經驗：夢到一半，突然發現「欸，我好像在做夢」，於是你開始控制劇情、操控場景，甚至讓自己飛起來、改變故事的走向？這種現象就叫做「清醒夢」（Lucid Dream）。它是一種極其特別的夢境狀態：你雖然還在夢中，但你知道自己正在夢裡。

對許多人來說，清醒夢就像進入了意識與潛意識之間的神祕中介地帶。在這裡，你不再只是夢境的被動觀眾，而是主動參與的導演。這聽起來像幻想小說，但其實科學界早已有相關研究，證明清醒夢是真實存在的心理現象。

■ 清醒夢的定義：夢中的「自我覺知」

清醒夢最基本的定義，就是「做夢者在夢中知道自己正在做夢」。有時這種覺知是片刻閃現，有時則能維持一段時間。更進一步的清醒夢者，甚至能在夢裡做選擇、完成任務，或刻意改變場景與對話內容。

273

第七章　清醒夢入門：學會在夢中覺醒與掌控

與一般夢境不同的是，清醒夢中你的大腦前額葉皮質（掌管邏輯與自我覺知的區域）會比平常夢境時更活躍，這也是為什麼你會在夢中產生「這不是真的」的判斷能力。

■ 清醒夢和普通夢的差別在哪？

項目	一般夢	清醒夢
自我覺知	無	有（知道自己在夢裡）
控制能力	極低或無	中度至高度
記憶連貫性	模糊	較清晰
醒後記憶	部分片段	通常較完整

這樣的差別，也讓清醒夢具備某些「意識介入」的特質。簡單來說，你的理性頭腦參與了夢境，而不是被夢拖著跑。

274

■ 第一節　什麼是清醒夢？你真的能在夢裡清醒嗎？

清醒夢會自然發生嗎？

對某些人來說，清醒夢是偶然發生的。他們可能在一場特別怪異的夢中，因為看到不合理的細節（如時鐘數字亂跳、人會瞬移），而突然意識到「這不是現實」。一旦覺察到這點，就可能進入清醒夢狀態。

然而，也有人天生就容易進入清醒夢。他們的夢記憶力好、對夢中異常細節敏感、自我觀察力高，也比較容易訓練自己維持清醒。

為什麼有人會特別想進入清醒夢？

1. 體驗自由與創造

   清醒夢中你可以做現實中不可能的事，如飛行、瞬間移動、變換身分，這種自由感是一種極高程度的心理滿足。

2. 處理情緒與壓力

   有些人透過清醒夢重演生活中不敢面對的場景，例如與某人道歉、面對恐懼、克服自卑。

3. 探索自我與潛意識

   清醒夢讓你更接近潛意識運作的第一線，透過與夢中角色互動、場景變化，可以獲得對自我更深的理解。

275

第七章　清醒夢入門：學會在夢中覺醒與掌控

4. 創造力與靈感來源

藝術家、作家、設計師等常從夢中獲得靈感，而清醒夢讓他們能更有意識地進行創作構思。

■ 科學怎麼看待清醒夢？

科學界已經證實清醒夢是真實的現象。德國心理學家保羅・托利（Paul Tholey）與史蒂芬・拉貝吉（Stephen LaBerge）是清醒夢研究的重要先驅。尤其拉貝吉在史丹佛大學的實驗中，讓受試者在夢中用眼球移動傳遞「我正在清醒夢中」的信號，成功讓清醒夢的存在被實驗室記錄。

腦波研究顯示，清醒夢的腦部活動介於做夢與清醒之間，是一種「混合意識狀態」。

■ 清醒夢是一種能力嗎？

是，也不是。它是一種潛能，但需要「培養」。如果你天生容易記住夢、對夢境有意識上的覺察，進入清醒夢的門檻就會比較低。但即使你從來沒有過清醒夢，也完全可以透過訓練來觸發它。

後續我們會介紹具體的訓練技巧，包括現實檢查、夢境記錄、睡眠干預法等方法，幫助你一步步接近夢中主控權。

276

第二節　清醒夢要怎麼訓練？初學者技巧公開

你能在夢中醒著嗎？答案是肯定的

清醒夢不是神話，也不是特異功能，而是一種每個人都可能達到的「心理狀態訓練」。你不需要成為修行者，也不需要有奇幻經歷，只要你願意觀察、記錄、練習，就可能在某一個晚上，發現自己真的在夢裡「清醒」了。

那一刻，夢不再是失控的幻境，而成為你內在世界的遊樂場與探索室。而這一切，就從相信「我可以在夢中醒著」開始。

第二節　清醒夢要怎麼訓練？初學者技巧公開

你也能擁有清醒夢，只要練習得法

許多人聽到清醒夢的概念時，第一個反應是：「我從來沒做過清醒夢，應該沒這種能力吧？」其實這是一種可以練習與培養的心理技能，就像冥想、直覺或記憶力一樣。只要方法正確、練習穩定，大多數人都可以在幾週至幾個月內成功進入清醒夢。

第七章　清醒夢入門：學會在夢中覺醒與掌控

這一節，我們將一步步帶你從「完全沒經驗的新手」，走向「具備基本清醒夢條件的實踐者」。不用迷信、也不用高深理論，清醒夢的訓練從現在就能開始。

■ 第一步：強化夢的記憶力

清醒夢訓練的第一要件，是你要記得自己的夢。如果你每天起床後連夢的影子都抓不住，那麼即使你在夢中清醒了，也會醒來完全忘光。

訓練方式：夢境日記

◆ 在床頭放一本筆記本或手機語音備忘錄。
◆ 每天醒來的第一件事就是「寫下夢的任何片段」，即使只有一個場景、一句話甚至一個情緒。
◆ 不追求文筆或劇情，只要誠實記錄當下的感受與畫面。

這樣的訓練會讓你與夢境建立連結，讓潛意識知道：「這個人對夢有興趣，我可以給他更多線索。」

■ 第二步：進行「現實檢查」

所謂「現實檢查」（Reality Check），是指你在白天養成習慣，反覆懷疑自己「是不是在做夢」。這聽起來很怪，但這個習慣會延伸到夢裡，讓你在夢中也開始進行檢查，進而意識到「我正在夢裡」。

278

■ 第二節　清醒夢要怎麼訓練？初學者技巧公開

常見的現實檢查方式：

◆ 看手指：數數自己的手指，夢中手指常會多一根、短一根或模糊。
◆ 看手錶或手機時間：夢裡的數字常會扭曲，時間會亂跳。
◆ 看鏡子：夢中的鏡像通常會模糊不清或變形（避免強調照鏡細節，僅簡略說明）。
◆ 掐自己一下：夢中不會有痛感或感覺很奇怪。

每天養成以上的「現實檢查」習慣，並在進行時心中說：「我現在是在夢裡嗎？」久而久之這個思考模式會進入夢中，觸發清醒夢的覺醒機制。

第三步：建立睡前儀式

潛意識是一種極其敏感的系統，你睡前給它什麼訊號，它就會以什麼形式回應你。許多成功清醒夢者，都會在睡前進行一些「暗示訓練」。

常用方式：

◆ 躺下前對自己輕聲說：「我今晚會知道我在夢裡。」
◆ 閉上眼時想像自己在夢中進行一個簡單的行動，如「在夢裡抬起手」
◆ 回想最近的夢境，並想像「如果再夢到，我會提醒自己這是夢」

第七章　清醒夢入門：學會在夢中覺醒與掌控

這些儀式像是在幫你的腦下指令…「請在夢裡喚醒我。」

第四步：使用「二段式睡眠法」

這是一種效果極佳的清醒夢訓練技巧，也稱作「WBTB」（Wake Back To Bed）。

步驟如下：

◆ 晚上正常入睡
◆ 在睡後四到五小時設定鬧鐘叫醒自己
◆ 醒來後保持清醒約十五到三十分鐘，可閱讀有關清醒夢的資訊、寫寫夢日記再回去睡覺，並在入睡前進行清醒夢暗示練習（例如心中默念「我會知道我在做夢」）

這種方法的原理是，第二階段睡眠進入 REM 快速動眼期的機率更高，而此時大腦覺知度也提升，更容易產生清醒夢。

第五步：夢中覺察的維持技巧

進入清醒夢後，很多人會因太激動或太興奮而立刻醒來。這是正常現象，也是一種「夢的防護反應」。為了維持夢中的清醒狀態，可以試試以下方法：

280

第二節　清醒夢要怎麼訓練？初學者技巧公開

清醒夢不神祕，關鍵是持續練習

清醒夢不是少數人的特權，而是一種可以學習的能力。你不需要特殊體質，只需要三件事：

◆ 耐心與好奇心
◆ 規律的記錄與觀察
◆ 對夢境的興趣

從今晚開始，你可以開始記錄夢、進行現實檢查、設立睡前暗示。或許某一天，在你準備搭不上車、跌落高樓或與怪物搏鬥的那一刻，你突然意識到：「這是夢。」

而那，就是你與清醒夢的第一次真正相遇。

◆ 夢中穩定場景：用力看著自己的手、觸摸夢境中的物品、轉圈圈
◆ 不要激動：在夢中一旦意識到清醒，先讓自己平靜下來，深呼吸
◆ 重複提醒自己：「這是夢，我很清醒。」

這些技巧可以幫助你延長夢中的清醒時間，甚至進一步控制夢境內容。

281

第七章　清醒夢入門：學會在夢中覺醒與掌控

第三節　為什麼有人可以夢中控制劇情？

■ 掌控夢境，真的有可能？

你是否曾經羨慕過那些能在夢中飛翔、改變場景，甚至重新編排劇情的人？他們不是夢境的俘虜，而像是導演、玩家、創造者。這並不是什麼超能力，而是一種可以發展出來的心理素養——夢中控制力。

夢境控制，是清醒夢進階的一部分。當你在夢中意識到自己正在做夢，接下來能否進一步「操作夢境內容」，就進入了更深層的技巧與心理狀態的訓練領域。

■ 什麼是夢中控制？

夢中控制是指在清醒夢中，做夢者可以自我主導夢境的走向。這不只是「知道自己在做夢」，而是「能決定夢怎麼進行」。例如：

◆ 改變場景：從室內變成沙灘，從黑夜變成白天
◆ 創造角色：夢中呼喚某個人出現

282

第三節　為什麼有人可以夢中控制劇情？

- 改寫劇情：停止被追逐、跳過某段困難橋段
- 操控能力：夢中飛翔、瞬移、穿牆、變身

夢境控制的範圍與程度會依個人經驗、專注力與夢境穩定性而不同。有人能控制整場夢，有人只能影響一小段，這都是正常的。

為什麼有些人能控制夢，而有些人不能？

這與以下幾個因素有關：

1. 夢中覺知的強度

僅知道自己在做夢，與能維持高度清醒是兩件事。若覺知力不夠高，就很容易又被夢境牽著走。

2. 心理彈性與創造力

夢中控制需要一定程度的想像力與情境轉換能力。有些人現實中習慣依賴框架，在夢中也較難打破限制。

3. 清醒夢經驗的累積

控制夢境就像學習駕駛，一開始不穩定，但越熟悉越能自由駕馭。經驗越多的人控制能力自然越好。

第七章　清醒夢入門：學會在夢中覺醒與掌控

4. 潛意識的合作程度

潛意識不是機器，它也有情緒與傾向。若你夢中控制的方式與潛意識目標矛盾，它會「抵抗你」，導致夢不穩、快速醒來。

■ 控制夢境時，潛意識怎麼回應？

很多人以為一旦清醒夢發動，就可以像打電動一樣為所欲為。但事實上，潛意識不會完全放手讓你控制。它會根據你的心理狀態、情緒張力、信念系統給予某種程度的限制。

例如：

◆ 你想飛，但總是飛不高，可能是你潛意識還不相信「自己能做到」
◆ 你想召喚一個人，但他一直不出現，可能是你對這個人有未處理的情緒陰影
◆ 你改變劇情後感覺夢境變模糊，可能是潛意識在「抽離資源」

夢的控制，不是征服，而是協調與對話。

284

■ 第三節　為什麼有人可以夢中控制劇情？

如何提升夢境控制力？

1. 設定明確的夢中目標
夢前暗示「我要在夢裡飛」、「我要見某個人」，越具體越容易成功。

2. 練習「夢中思考」
在清醒夢中不要急著操控，先觀察環境、思考：「我想做什麼？為什麼想做？」這能提升穩定性與成功率。

3. 透過冥想強化意念集中力
靜坐、觀呼吸等方式能訓練你在夢中不容易分心，集中意識對控制很關鍵。

4. 接受夢可能不聽話
某些夢無法被控制，那是潛意識在「堅持自己要說的話」，請尊重它。

常見夢境控制失敗的原因

◆ 控制太用力，夢境崩解
◆ 嘗試改變角色行為，卻造成場景混亂

第七章　清醒夢入門：學會在夢中覺醒與掌控

◆ 情緒過於激動，清醒夢中斷
◆ 沒有準備，突然清醒後不知道要做什麼，陷入慌亂

這些情況都很正常。夢境控制本身就是一場心理實驗，有時會成功、有時會出現反彈，重點是持續觀察與嘗試。

夢境控制不是「我說了算」，而是「我學會參與」

控制夢境，是一場與潛意識的合作遊戲。不是你主導全部，而是你參與設計、表演、改寫，最終讓夢不再只是情緒的反射，而成為心理探索的劇場。

那些能自由飛翔、勇敢面對夢中恐懼的人，不是天生特別，而是懂得如何與夢合作，如何尊重內在，也如何在最不穩定的世界裡，找到屬於自己的節奏與秩序。

你也可以，只要開始相信：夢，是可以一起創造的。

286

■ 第四節　能不能在夢裡飛？清醒夢的應用範例

第四節　能不能在夢裡飛？清醒夢的應用範例

■ 為什麼夢裡飛起來這麼常見？

飛翔，是許多人清醒夢的「第一願望」。在現實中受限於地心引力與肉體邊界，但在夢裡，這些都不再是限制。很多人第一次進入清醒夢後，不約而同地選擇「我要飛起來」，並在那一刻體驗到前所未有的自由感。

夢裡飛翔之所以如此吸引人，不只是因為酷，而是因為它象徵一種「突破現實限制」的心理狀態。夢中的飛行，是潛意識對掌控感、自由、解放、創造力的綜合展現。

■ 飛行夢的心理象徵是什麼？

夢裡飛行有很多形式：

◆ 像超人一樣平飛
◆ 像氣球一樣緩慢升起
◆ 在城市高空自由穿梭

287

第七章　清醒夢入門：學會在夢中覺醒與掌控

清醒夢裡如何讓自己飛起來？

這些飛行夢通常象徵：

◆ 飛不穩、常掉下來

◆ 自由感的渴望：想逃離現實壓力、束縛、框架
◆ 創造力與想像力釋放：代表你內在有強烈的表達需求
◆ 控制感的增強：能飛表示你開始有能力操控夢境，也象徵你內在的自我效能感增強
◆ 逃避感與焦慮：如果夢中一直飛不穩、跌下來，可能是現實中覺得自己掌控不了生活

1. 事先設定目標

　　在睡前給自己心理暗示：「我進入夢裡時會試著飛起來。」

2. 選擇夢中有高度的場景

　　比如陽臺、山崖、屋頂，這樣更容易觸發「飛行行為」的夢中邏輯。

3. 夢中建立信心感

　　在夢裡你必須真正相信「我可以飛」，夢的物理法則會根據你的信念運作。

288

第四節　能不能在夢裡飛？清醒夢的應用範例

4. 以跳躍為起點

   夢裡先從跳高、滑翔開始，逐步讓潛意識接受飛行的可能性。

5. 觀察周遭，讓環境幫助你飛

   風、光線、雲朵等都是可以利用的象徵道具，它們能幫助你從「不會飛」進入「飛得穩」。

飛行只是開始：清醒夢的其他應用

除了飛行，清醒夢還可以實現許多現實做不到的事情，以下是幾個常見範例：

◆ 演練困難場景：如演講、考試、與某人對話，幫助你釋放壓力、提升自信

◆ 與內在對話：呼喚潛意識中某個角色（如童年自己、逝去親人、理想自我）來對話或和解

◆ 進行創作試驗：許多藝術家、作曲家、設計師會在夢中試圖構思場景與靈感

◆ 重建記憶場景：回到某個過去場景，進行未完成的情感處理（如未說出口的告別）

◆ 進入理想空間：創造一座屬於自己的森林、城堡、書房，作為心理的休息所

第七章　清醒夢入門：學會在夢中覺醒與掌控

■ 為什麼飛行是初學清醒夢的最佳選擇？

◆ 具象又容易操作：你不需要太多細節，只要「飛起來」就好，操作門檻低。

◆ 容易激起興奮與記憶感：飛行的感覺強烈且難忘，有助於你醒來後記得夢境。

◆ 能快速檢驗清醒度：如果你能成功飛起來，就代表你對夢境已有一定控制力。

■ 飛不高？常見的心理阻力

◆ 你潛意識還「不相信自己做得到」

◆ 害怕失敗，夢中會模擬阻力（如風太大、重力拉扯）

◆ 夢境不穩定，你尚未完全清醒或意識模糊

這些問題都不是失敗，只是提醒你：清醒夢的飛行需要練習與放鬆，過於用力反而適得其反。

■ 飛翔，不只是夢的享受，更是心理的釋放

在夢中飛起來，不只是酷炫的冒險，而是一種從內心深處出發的自我解放。當你真正飛起來的那一刻，你會明白，那不只是夢的劇情，而是你對自由、掌控、與無限可能性的重新認識。

290

■ 第五節　清醒夢有沒有風險？精神是否會受影響？

第五節　清醒夢有沒有風險？精神是否會受影響？

從今天起，請試著在夢裡跳一下，哪怕只是離地幾公分。你會發現，夢的天空，其實早就為你打開。

在夢中清醒，甚至能夠控制夢境聽起來像是一種超能力，但也讓不少人擔心：清醒夢會不會讓大腦過度運作？是不是會影響精神健康？如果我在夢裡控制得太多，會不會分不清夢與現實？這些疑問是進入夢控練習時常見的焦慮來源，本節將從科學研究與心理實務的角度，探討清醒夢的可能風險與安全界線。

■ 清醒夢不等於精神錯亂，認知仍有區隔

首先，我們必須釐清「夢中知道自己在做夢」並不等於精神分裂或現實解離。根據神經科學研究，清醒夢的腦波活動呈現出不同於清醒與普通夢的混合狀態，類似「半清醒半睡眠」的中間層，大腦有一部分仍保持有意識的監控能力。

291

第七章　清醒夢入門：學會在夢中覺醒與掌控

精神科臨床案例也顯示，真正的現實感喪失（如思覺失調症）患者，在夢中通常不具備足夠的自我覺察力來發展清醒夢。相反地，那些能穩定進行夢控訓練者，大多具有良好的現實感與高自我反省能力。清醒夢是高階的「元認知狀態（Metacognition）」，和精神病理學中的幻覺狀態在本質上完全不同。

■ 睡眠品質可能受影響，適度練習才是關鍵

儘管清醒夢本身並非病態，但頻繁干預夢境仍有可能打斷原本自然的睡眠週期，尤其是快速動眼期（REM）的完整性。若夢控者過度興奮，反覆喚醒自己或強行干涉夢情節，可能導致淺眠、夜醒次數增加，甚至影響第二天的精神狀態。

初學者若在夢中太過用力想要「做某件事」，可能會讓身心處於一種微妙的緊張狀態，造成隔天早上有疲勞感。這不是夢控本身的問題，而是練習方式與心態調整的課題。建議初期練習不超過每週兩到三次，並保留自然做夢的空間。

■ 心理邊界感模糊的族群需特別留意

並非所有人都適合大量練習清醒夢，特別是那些有邊界感不穩定、容易進入過度沉浸狀態的人。

例如：曾有解離經驗、長期使用藥物影響睡眠結構，或患有夢遊、夜驚等睡眠障礙者，在進行夢控訓

292

第五節 清醒夢有沒有風險？精神是否會受影響？

練時需先諮詢專業人員。

清醒夢在這些族群中可能誘發「夢境與現實混淆」、「過度沉迷虛構世界」、「夢境再現創傷場景」等情況。夢控不應是逃避現實的手段，而是一種面對內在世界的訓練。如果夢中的角色與劇情引發強烈不適，應立即暫停練習並尋求支持。

清醒夢不會讓你「卡住」夢中

很多人擔心一旦夢中意識到自己在做夢，就會像電影《全面啟動》那樣「出不來」，卡在夢裡。實際上，清醒夢反而比普通夢更容易「自主離開」。

根據心理學家的觀察，只要夢者在夢中下達「我要醒來」的意念，或進行某些固定動作（如眨眼、看手掌），大多能順利喚醒自己。清醒夢者通常對「這是夢」有高度覺知，因此也更有能力結束夢。

真正需要擔心的反而是反覆出現的創傷性惡夢，它們容易讓人陷入無法擺脫的情境，但那與夢控無關，反而透過清醒夢的技巧，能幫助當事人在夢中介入、轉化夢境、結束惡夢循環。

清醒夢安全，但練習要有界限

清醒夢並不是精神危險的前兆，而是一種可被訓練、具有應用潛力的夢境覺知狀態。它的風險來自於練習方式與個人狀態的配合程度，而不是清醒夢本身。

第七章　清醒夢入門：學會在夢中覺醒與掌控

第六節　清醒夢能不能解決問題？

夢境不只是潛意識的映照，更可能是解答難題的起點。許多清醒夢實踐者相信，在夢中保持覺知，能讓我們以不同角度重新審視現實的困境，甚至創造出前所未有的靈感與突破。本節將深入探討：清醒夢是否真能幫助我們解決問題？它的效能如何？又該如何操作？

■ 夢境裡的大腦：創造力與直覺的發源地

在清醒夢中，大腦的情緒與影像區域（如顳葉、枕葉）高度活化，這種腦內狀態類似「自由聯想」的極致模式。此時，傳統思考中受到邏輯、因果律所壓抑的想法，反而得以冒出來。

歷史上也有不少創意來自夢境的例子，例如前面說的德國化學家凱庫勒（Kekulé）曾在夢中看見蛇咬尾巴的意象，進而理解苯環的結構；英國作家瑪麗·雪萊（Mary Shelley）更是在夢境中獲得《科學怪人》的靈感。

若能保持良好睡眠習慣、適度練習頻率、建立清楚的心理邊界與夢醒儀式，清醒夢將成為探索內在、強化心理自我的一項資源，而非危機。

294

第六節　清醒夢能不能解決問題？

清醒夢讓人有機會進一步干預這種夢中創造力，主動聚焦某個問題，或與夢中的角色對話、探索場景，試圖從象徵中尋得答案。

■ 解題不是推理，是情緒導引

許多實驗指出，人在夢中處理問題的方式，並非嚴謹的邏輯推演，而是情緒導引。例如你可能夢見一個失控的車子朝你衝來，象徵你對某個專案進度的焦慮；或夢到遺失手機，暗示你對自我價值的擔憂。

在清醒夢中，如果你能辨識這些情緒線索，就有機會釋放壓力、調整心態。這並非直接給你標準答案，而是透過象徵與情緒，打開一種你平常不會考慮的方向。

■ 能用來做決定嗎？

許多清醒夢者會在夢中進行角色模擬或情境重演，像是夢見自己辭職後的生活樣貌、夢見搬家後的新城市景象。這些畫面能幫助當事人在潛意識層面「預演」一種未來，提供更具情感重量的依據，而非只是列優缺點表格的理性分析。

有些心理學家認為，夢中情境的強烈象徵性，有助於突顯某些隱藏的價值觀與真實感受，協助決策時釐清「我真正在意的是什麼」。

第七章　清醒夢入門：學會在夢中覺醒與掌控

■ 清醒夢不能做的事：替你決定人生

重要的是要理解，清醒夢並不能代替你做決定，它只是幫助你更貼近自己。若夢者過度迷信夢中得到的「指示」，反而容易落入宿命式的思維，把人生主導權交給潛意識。

清醒夢的力量在於呈現你內在正在醞釀的情緒與願望，不是讓你丟掉主觀判斷，而是提供另一層次的參考。

■ 清醒夢是一種深度思考工具

當你帶著問題入夢，並在夢中保持覺知，確實有可能從中獲得新視角，甚至產生解決靈感。清醒夢不是萬能的答案提供者，但它是一種經過訓練後，可用於輔助自我反思與調整心態的內在工具。

你不需要在夢中找到正解，但你可能會在夢裡重新發現，自己早就知道什麼才是重要的。

第七節　夢中練習演講、考試、面試可行嗎？

如果我們可以在清醒夢裡做選擇、控制場景，是否也能把它當成一個「模擬器」，練習現實中最緊張的任務？像是演講、考試或是面試？許多夢控練習者與神經心理學研究的發現，都指出：這種夢中預演並非空想，而是一種潛意識的實戰訓練。

■ 清醒夢作為「心智模擬器」：虛擬但有效

當人在清醒夢中意識到「我可以控制情境」，就有可能主動設定夢境主題，例如「我要上臺演講」、「我要接受主管面試」。這種自主導向的夢境模擬過程，心理學上稱為「心智模擬」(mental rehearsal)。

許多運動員、演員、創業家早已善用類似技術，在現實中用想像的方式反覆預演重要情境，以提升表現與降低焦慮。而在清醒夢中，這種模擬感更強烈、沉浸度更高，甚至會伴隨身體緊張、口語準備、空間記憶的練習感。

根據瑞士研究者烏蘇拉·佛斯（Ursula Voss）等人的腦波實驗，清醒夢狀態中，運動皮質區與語言區的神經活動與清醒狀態非常接近，這說明夢中練習可能對神經系統也有真實影響力。

第七章　清醒夢入門：學會在夢中覺醒與掌控

■ 面對舞臺焦慮：夢中演講的心理演練

舞臺恐懼是一種常見焦慮，許多人在面對群眾時會出現腦袋空白、心跳加速、聲音發抖等反應。透過清醒夢，你可以主動召喚「觀眾」、創造「舞臺」、安排「燈光與場景」，甚至選擇「觀眾反應」。這種具體可控的模擬，有助於夢者熟悉演講環境，重建信心。

在夢中出錯也沒關係，正因為夢是安全空間，你可以嘗試各種開場方式、語調節奏、回應問題的策略，這讓夢境成為一種「不需付出實代價」的實驗場域。

■ 模擬考試與面試：壓力的減敏訓練

考試與面試往往伴隨強烈的「表現焦慮」，即使準備充足，也會因緊張影響臨場表現。清醒夢中的預演可以降低這種焦慮感——你可以進入熟悉的教室、模擬答題過程，或在夢中「見到」未來的面試官。

夢境模擬能夠讓大腦提早面對壓力環境，進而調整生理反應。這種過程與「系統減敏感化」（systematic desensitization）類似，是一種在安全環境中反覆暴露於壓力場景的心理練習方式，對有社交焦慮者特別有幫助。

298

■ 第七節　夢中練習演講、考試、面試可行嗎？

■ 成效來自「熟悉」而非「神奇」

需要澄清的是：夢中練習並不會讓你「瞬間變強」，而是透過「增加熟悉感」來減少焦慮與不確定性。研究發現，清醒夢對於提升表達能力、減少緊張、增強自信心都有幫助，但它不能替代實際練習。

你仍需在現實中寫講稿、練習表達，但清醒夢是一種「補足」策略，特別在你無法立刻進入真實場域時，夢中的模擬能幫你維持熟悉度與穩定情緒。

■ 夢是一場預習，幫你暖身

如果把現實中的演講、考試、面試視為一次正式登場，那清醒夢就是你內心的彩排舞臺。透過清醒夢的練習，你能夠更自在地「穿越」那些讓你焦慮的場景，不是因為它變得簡單了，而是你不再那麼陌生。

夢裡演練過的臺詞、情境與表情，可能就在你真正面對挑戰的那一刻，默默地發揮作用。

第七章　清醒夢入門：學會在夢中覺醒與掌控

第八節　清醒夢怎麼結束？怎麼醒來？

清醒夢的美好在於掌控，但夢再美，終究得醒來。那麼問題來了⋯你如何從清醒夢中安全地回到現實？會不會夢太深醒不過來？或者清醒夢會像網路世界一樣讓人沉溺、無法自拔？這一節，我們將探討清醒夢的結束方式、喚醒技巧，以及夢醒之間可能出現的狀況。

■ 自然結束：身體知道什麼時候該醒來

多數清醒夢並不需要特別「結束」，它們會隨著生理週期自然過渡。人體的快速動眼期（REM）大約每分鐘循環一次，而在這個階段末期，清醒夢便會自行瓦解，或因身體變換姿勢、環境聲音刺激等原因而結束。

這種自然終止的狀況，也呼應了夢的本質——它是一種暫時性的內在體驗，儘管清醒夢的內容可以被控制，但它仍然受限於生理節奏的規範。實驗顯示，在 REM 後期，夢境會逐漸變得模糊、閃爍，最終與醒來的感受交疊，讓人如同從一場意識之旅中溫和退場。

若你沒有刻意設計夢境劇情或延長停留時間，那麼清醒夢就像普通夢一樣，會自然消散、不留痕跡。醒來時，你甚至會帶著某種「剛才我好像很清醒」的記憶線索，這種朦朧感有時會伴隨一種清醒或未竟之感，像一場未完待續的心靈電影。

300

■ 第八節　清醒夢怎麼結束？怎麼醒來？

主動喚醒：給自己一個夢醒出口

儘管多數情況下夢境會自然結束，但也有些情境讓夢者希望能主動離開夢境，特別是在遭遇困難情節、不適體驗，或當夢者感到夢境過於強烈、情緒無法承受時。這時候，「主動喚醒」就成為一項關鍵技能。

以下是幾種常見且實用的主動喚醒技巧：

1. 大聲喊話法

在夢中喊出「我要醒來了」、「讓我離開這裡」等語句，能有效向潛意識下達結束指令。有經驗的夢控者甚至會設計特定「夢中咒語」作為夢醒開關。

2. 眼睛用力眨動法

在夢中重複閉眼與張眼的動作，有時能誘發身體肌肉的微反應，進而打破夢境結構。這種技巧特別適合於即將喚醒但仍陷於夢中場景的時刻。

3. 看手掌法

這是一種經典的清醒夢技巧。夢中凝視自己的手掌能強化自我覺知，並啟動「自我觀察」神經迴路，引發夢境瓦解。有些人會在夢裡發現手掌變形或模糊，這通常是夢即將結束的徵兆。

第七章　清醒夢入門：學會在夢中覺醒與掌控

4. 墜落或跳躍法

有夢控者會選擇從高處一躍而下，在夢中模擬自由落體或墜落的感覺，這種極端刺激常會使人從 REM 中醒來，是一種非常有效的「緊急脫夢」方式。

5. 捏自己的鼻子測試呼吸

這是現實測試與脫夢技術的結合版本，在夢中做出這個動作，若發現依然能呼吸（即使捏住鼻子），可提醒自己還在夢中，並進而下達離開指令。

以上技巧並不保證每次立即見效，但經過訓練與反覆實踐，大多可在數秒至數十秒內成功結束夢境，幫助夢者平穩回到現實。

■ 半夢半醒：夢醒之間的灰色地帶

某些清醒夢練習者可能會經歷「醒不完全」的狀態，也就是意識已經覺醒，但身體尚未完全啟動，或仍殘留在夢的情境中。這種過渡狀態稱為「睡眠惰性期」（sleep inertia），其特徵包括：思緒模糊、身體遲鈍、情緒高張等。

另一個相關現象是「假醒夢」（false awakening），即夢中夢見自己已經醒來，並開始進行日常活動，如刷牙、穿衣、出門，但其實仍在夢中。這種夢常伴隨強烈的真實感，是夢控初期者常遇見的挑戰。

處理這些夢醒邊界的關鍵在於「現實測試」的建立。夢控訓練中經常鼓勵夢者建立一組固定的測

302

第八節　清醒夢怎麼結束？怎麼醒來？

醒來後的整合期：別急著跳下床

從清醒夢醒後，大腦仍處於高度活化狀態，有時甚至會伴隨輕微頭暈、心跳加快、情緒激昂或思緒奔騰。這是大腦從 REM 活動快速轉換為清醒狀態的自然反應。

在這段過渡期內，建議醒來後暫停至少一分鐘，靜靜躺在床上回顧夢境內容。這不僅有助於鞏固夢的記憶，也能作為夢控訓練的反思與記錄。

如果你是夢控練習者，這段時間極為寶貴。建議將夢境內容、場景變化、角色互動、情緒波動等具體細節記錄下來，無論是用筆記本、錄音機，或手機 App，這些資料都能成為未來練習的依據。

這段整合期也有助於消化夢中的情緒，尤其是那些在夢中被觸發的壓力感、恐懼、愉悅或靈感。

許多藝術創作者與心理工作者便將這些「醒夢交界」的片刻視為靈感爆發的黃金時段。

誤會與迷思：清醒夢會不會讓人回不來？

許多初學者擔心一旦進入清醒夢，會無法回到現實，甚至產生依附感，沉迷其中。然而，這種擔憂其實多半來自影視作品的誇張演繹，例如《全面啟動》中多層夢境的困頓設定。

試動作，例如：看手錶是否變形、開關燈是否無效、閱讀文字是否反覆變化等。這些行為有助於釐清夢與現實的界線。

303

第七章　清醒夢入門：學會在夢中覺醒與掌控

■ 夢的出口就在意識的門口

清醒夢並不會把你「困」在夢裡，只要你願意，出口始終存在。無論是自然結束還是主動喚醒，夢與醒之間的轉換，是一種值得被溫柔對待的儀式感。

你可以學會在夢中設置「夢醒提示」，也可以練習記住「現實測試」，更重要的是，在夢醒的那一刻，學會和自己重新接通。

當你學會如何回來，你也更有信心深入夢境。因為你知道，那扇門，不會把你關在裡面。

事實上，清醒夢的基本特性之一就是「覺察力」，夢者清楚知道「這是夢」，也能自主地終止夢境。根據《夢控師》等相關著作的實務經驗統計，超過九成的夢控者表示，只要下定決心就能順利醒來。

真正需要注意的不是醒不來，而是「夢醒後的情緒處理」。部分夢境會引發強烈的內心波動，若未能妥善安置，可能會影響白天的情緒狀態。因此，夢醒後的安靜整合與反思極其重要，是清醒夢工作的一部分。

304

第九節 清醒夢與催眠的差別是什麼？

清醒夢與催眠常被放在一起討論，不只是因為兩者都與「改變意識狀態」有關，更因為它們都涉及到潛意識、想像力與心理調節。然而，它們在本質、操作方式、應用場景與大腦運作模式上，其實有極大差異。本節將深入對照清醒夢與催眠，從五個核心層面——意識控制、啟動方式、大腦狀態、應用功能與心理風險——幫助你釐清這兩種常被混淆的心理經驗。

■ 意識控制權：誰在掌握主導？

清醒夢的最大特徵是「夢中覺知」：夢者知道自己正在做夢，並且保有某種程度的主動性，可以改變夢境、干預劇情，甚至刻意結束夢。這種主動性來源於夢者本身，是一種內部主導的體驗。

而催眠則恰好相反。催眠是一種將意識主導權暫時交由外部引導者（如催眠師）或固定語言暗示的狀態。被催眠者雖然仍有意識，但會暫時降低批判力，變得容易接受建議與想像中的引導。

換句話說，清醒夢是夢者對內在的掌控，而催眠是被引導者對外在語言與情境的回應。前者是「我主導」，後者是「我被引導」。

第七章　清醒夢入門：學會在夢中覺醒與掌控

■ 啟動方式：一夜入夢，還是一段誘導？

清醒夢通常發生於快速動眼期（REM）中，並且需要透過訓練如「夢日記」、「現實檢查」、「Wake Back To Bed，WBTB 睡眠中斷法」等技巧來提高覺察力。夢者多半是在夢中突然意識到自己在夢裡，從而進入清醒夢狀態。

催眠則是在清醒狀態下進行，經由催眠師的語言引導、呼吸調節與想像誘導，使被催眠者進入放鬆、專注、低批判的狀態，逐步達到潛意識開放與深度專注的目標。

這兩者的啟動方式正好相反：清醒夢從夢中開啟覺知，催眠則從清醒狀態放下警戒進入模擬經驗。這也導致兩者的身體反應與環境依存度完全不同。

■ 大腦狀態與腦波型態：內在儀表盤的差異

在清醒夢中，大腦通常處於 REM 睡眠的活躍狀態，伴隨著高頻低幅的 Theta 與 Beta 波混合出現，特別是在前額葉皮質的元認知區域（如背外側前額葉）也有一定程度活化。這表示清醒夢者有較高的自我觀察能力與意識維持功能。

催眠時，大腦則傾向呈現 Alpha 波與 Theta 波占優勢的放鬆模式，主要是情緒與想像區域如顳葉與島葉活躍，而批判性思維的前額葉則活動下降。這解釋了為何催眠者會進入一種近似「沉浸想像」的狀態。

306

第九節　清醒夢與催眠的差別是什麼？

從腦波來看，清醒夢更偏向意識清明的「警醒狀態裡的夢」，催眠則更像「放鬆狀態中的清醒」——兩者都介於睡與醒之間，卻在方向上完全不同。

■ 應用功能與心理工作差異

清醒夢的主要應用在於個人探索與情緒整合，許多夢控者利用清醒夢練習創造力、面對惡夢、處理未竟情感，甚至作為冥想或自我療癒的工具。

而催眠則廣泛應用於心理治療領域，如痛症管理、創傷療法、習慣改變（如戒菸、減重）、焦慮與恐懼症調整。催眠強調的是「暗示性」與「重編程」——透過語言改寫潛意識反應。

兩者都可以用來接觸潛意識，但清醒夢偏向「由內而外」的自我揭示，催眠則是「由外而內」的引導塑形。前者像是夢者在暗夜中摸索內心之門，後者像是心理師幫你開啟一段預設的潛意識旅程。

■ 誤解與風險：清醒夢與催眠都不是魔法

不少人誤以為清醒夢與催眠都具有「操控他人」或「改寫人格」的神奇力量，這是來自電影或小說的誤導。實際上，兩者都需要大量訓練與安全框架。

清醒夢的風險在於過度沉迷、現實逃避或誤用於創傷場景中，而催眠則可能出現記憶混淆、情緒重現過於強烈，或未經授權的非專業引導造成心理負擔。

第七章　清醒夢入門：學會在夢中覺醒與掌控

這兩者都需要在有經驗的指導者或穩定心理狀態下進行，不建議未經訓練者自行操作深層催眠，亦不建議在精神狀況不穩時強行練習清醒夢。

■ 兩條路，通往不同的內在世界

清醒夢與催眠都是進入潛意識的入口，但一條是你自己設計的夢中劇本，一條是專業語言架構的內在旅程。它們的起點、結構、風格與功用都有所不同。

了解差異，是為了更有智慧地選擇適合自己的內在方法。也許你適合夢中尋找答案，也許你需要語言的引導來改寫情緒。不論選哪一條路，只要你是醒著的，就不會迷失在潛意識裡。

第十節　練習夢控之前，你應該知道的五件事

清醒夢看似神奇，實則是一種可以練習與掌握的心理技能。然而，許多初學者在一開始接觸夢控時，容易陷入迷思、過度期待，甚至因不了解基礎準備而半途而廢。要讓夢控變成可持續的習慣，甚至成為探索潛意識的助力，在練習之前，必須了解以下五件最重要的事：

308

第十節　練習夢控之前，你應該知道的五件事

夢控不是「一夜成功」，而是一種自我訓練

許多人以為只要看了幾篇文章、試了一次現實檢查，就能立刻進入清醒夢狀態。然而，夢控的核心在於「自我覺察」的長期建立。你需要在日常生活中持續鍛鍊辨識夢境與現實的能力——這包括每天記錄夢境（夢日記）、養成固定的現實測試習慣、練習觀察細節。

根據夢控訓練社群與神經心理學研究，大多數人需要數週至數月才能穩定進入清醒夢狀態。夢控是一種「潛意識語言的熟悉過程」，就像練習一種新語言，需要耐心與紀律。

睡眠品質是基礎，夢控不能以失眠爲代價

有些人為了追求夢控，反覆設定鬧鐘、切割睡眠、在深夜醒來記錄夢境，結果反而導致整體睡眠品質下降，日間精神不濟。這與夢控的原意背道而馳。

健康的夢控建立在穩定的睡眠週期上。快速動眼期（REM）多集中於睡眠後期，因此必須確保足夠的深度睡眠時間。建議每晚固定入睡時間，避免過度咖啡因、使用遮光窗簾與耳塞、提升睡眠儀式感，讓夢控訓練能在身心放鬆的狀態下自然進行。

第七章　清醒夢入門：學會在夢中覺醒與掌控

■ 你需要面對潛意識，不是控制它

許多夢控初學者將焦點放在「操控夢境」⋯我可以飛、可以創造人物、可以進入幻想場景，卻忽略了清醒夢最深層的價值——理解潛意識。

清醒夢最有力量的時刻，不在於你變成超人，而在於你與夢中人物對話時感受到內心的真實。夢境不是虛構世界，而是你內在情緒、記憶與欲望的濃縮象徵。當你學會不只是控制劇情，而是觀察夢境為你編寫的內容，你才真正踏上夢控的深層旅程。

■ 夢控可能帶來強烈情緒，請準備好自我照顧

進入夢控狀態時，情緒常常被放大。你可能會在夢中重遇已故親人、面對未解決的創傷，或經歷強烈的孤寂與自由交錯感。

這些經驗對某些人而言是一種釋放，對另一些人卻可能帶來情緒動盪。因此，在開始夢控前，請先建立基本的情緒調節能力。例如：醒來後花五分鐘靜心整理情緒；必要時與信任的心理師討論夢境內容；記得夢中經驗不是預言，而是象徵。

夢控不只是好玩的探索，它也可能引發深層的自我對話。若你準備好用接納而非抗拒的心態面對夢中的自己，那才是開始夢控練習的時機。

310

■ 第十節　練習夢控之前，你應該知道的五件事

■ 不要急著「成功」，請享受夢的練習過程

夢控是一場長期的練習，而不是短期成效導向的任務。有時候你會夢見自己幾乎要成功進入清醒夢，但又被驚醒；有時你可能連夢都記不起來。這些都很正常。

真正重要的，是你在這個過程中培養了對自我、對情緒、對潛意識的敏感與尊重。你會開始更清楚地辨識現實中的感覺變化、情緒訊號，甚至改變你白天的思考模式與人際互動。

請把每一次夢控的練習，當作是一封寫給自己內在的信。不是為了達成某個目標，而是為了傾聽一個平常太容易被忽略的聲音。

■ 夢控不只是技巧，而是一種自我關係的重新建立

你應該知道的夢控的事，不是規則，而是提醒：夢控不是逃避現實的通道，而是認識自己內心運作的工具。

當你願意放下對「掌控」的執念、理解夢境裡的隱喻、照顧夢後的情緒，你就已經是一位真正的夢控練習者了。

第七章　清醒夢入門：學會在夢中覺醒與掌控　■

第八章
夢會預言未來嗎？
—— 迷信與心理的界線

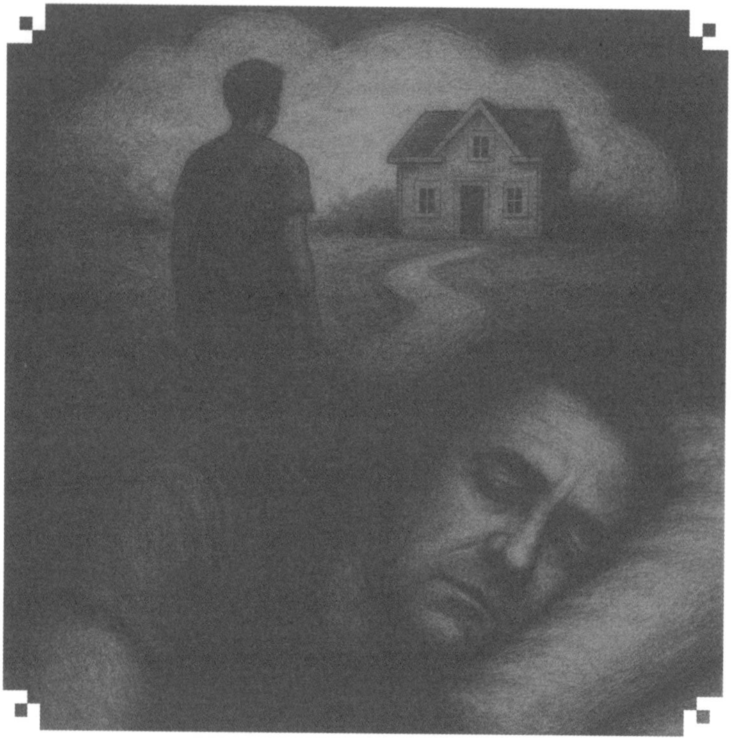

第一節　夢見事情成真，是真的預知嗎？

第一節　夢見事情成真，是真的預知嗎？

預知夢的迷人魅力

許多人都曾經歷過類似情境：前一晚夢見某件事情，隔天或數日內竟然真的發生，讓人不禁驚呼「我夢到了！」這類「夢中成真」的經驗充滿戲劇性，也讓不少人開始相信夢境具備預知未來的能力。尤其在重要事件或社會大事發生後，網路上經常會出現「早有預兆」的夢境分享，甚至有人將這視為「靈視」、「預言」的能力。

然而，這類經驗雖然看似驚人，卻不見得代表夢境真的擁有預測未來的力量。要理解這點，我們需要從心理學、認知科學與記憶機制的角度出發，探討「夢中預知」究竟是怎麼一回事。

夢的「成真」其實很常見？

心理學家指出，這種「夢見未來」的感受在一般人中並不罕見。每天晚上，我們可能經歷四至六個夢境，但醒來後真正記得的夢可能不到十分之一。偏偏在某些夢境巧合地與現實重疊時，我們特別容易記住它，而忽略其他數百個「未應驗」的夢。

315

第八章 夢會預言未來嗎？──迷信與心理的界線

這種心理傾向稱為「選擇性記憶」與「確認偏誤」：我們傾向注意、記憶並強化那些與我們原本信念相符的訊息。這就像彩票得主說「我夢見過這個號碼」，卻沒人記得他之前夢過上百個沒有中獎的組合。當夢境與現實產生巧合時，人們會迅速建立因果聯結，即使這種聯結毫無科學根據。

■ 事後解釋的心理機制

另一個心理機制是「事後合理化」或稱「事後歸因效應」。在事件發生後，我們的記憶會自動調整，將一些模糊、不明確的記憶片段重新拼接，進而讓它「看起來像是早有預兆」。

例如：你夢見一個模糊的房間起火，幾天後看到新聞報導某地火災，你可能立刻產生「我早就夢見了」的念頭。其實，夢中那個房間可能根本沒有明確描述，也未提到火災，但在事發後，你的大腦會自動強化那些相符的細節，並淡化或遺忘其他不符的部分。

■ 預知夢的心理機制可能是什麼？

儘管絕大多數的「夢中預知」可以用記憶偏誤解釋，但仍有部分心理學家提出：夢境確實能提供某種形式的「未明覺察資訊整合」，也就是我們日間未察覺的蛛絲馬跡，會在夢中重新組合，呈現出某種「似曾預見」的情境。

這種說法在神經科學中被稱為「潛意識記憶的再編輯作用」。當我們觀察到他人情緒變化、聽見

第一節　夢見事情成真，是真的預知嗎？

潛臺詞、察覺環境中異常的訊號時，這些資訊可能未被大腦立即處理，卻在夢境中重新浮現。舉例來說，你或許注意到辦公室中某位同事行為異常但沒有深究，結果幾天後對方真的離職。而你恰好在前夜夢見公司內部變動，這會讓你感覺夢境「預知」了離職事件。但更可能的情況是，你的夢只是對潛意識已經察覺的現象進行整合與模擬，並非真正穿越時空的預測。

類似夢境與原型象徵：我們的腦袋喜歡模式

人類天生擅長模式辨識。即便在毫無關聯的訊息中，我們也能「看出」熟悉的形式，這種心理傾向讓我們更容易把夢與未來事件產生連結。

榮格心理學中提到的「原型象徵」也與此有關。例如：火災、洪水、墜落等夢象可能並非預示真實事件，而是原型性的不安、轉變或自我重組的隱喻。這些符號在人類的集體潛意識中有著共同意涵，出現在夢中也具有普遍性，這讓它們更容易「套用」到日後的事件解釋中。

大腦如何編織一場「預言」？

從神經生理學來看，夢境產生於快速動眼期（REM sleep），此時大腦的情緒中心（如杏仁核）活躍，而負責邏輯、語言與時間排序的前額葉則相對抑制。這意味著夢中情境常以非線性、非邏輯方式運作，將不同時間與經驗混合為一場「情感劇場」。

317

第八章　夢會預言未來嗎？──迷信與心理的界線

在這樣的狀態下，大腦可能將來自不同時間軸的經驗碎片（昨天的會議壓力、三年前的失戀、新聞裡的一段畫面）組合成一場似是而非的預知夢。而當日後現實中出現類似情境時，這場夢便「對應」了現實，讓人錯覺它是預言。

■ 心理學的立場與夢的限制

主流心理學對「預知夢」持懷疑態度。包括美國心理學會（APA）與歐洲睡眠研究學會（ESRS）在內，多數研究皆未發現夢境能以顯著機率預測未來事件。

相反地，這些組織更強調夢境作為「自我心理整合」與「記憶鞏固」的功能。夢不是預言工具，而是身心整合的重要過程，尤其對於情緒調節、壓力釋放與創造性思考具有積極作用。

如果過度依賴夢境來預測人生，反而可能忽略現實中的真實訊號，甚至形成逃避現實的依附傾向。心理治療中便曾有案例，個案長期誤信「夢中得到的指示」，做出不理性的選擇，最終導致生活混亂。

■ 夢境是一面鏡子，不是水晶球

夢見事情成真，可能只是潛意識的反映、記憶重構或偶然巧合。我們應學會欣賞夢境帶來的啟示與情緒整理能力，而不是過度依賴它來預測未來。

■ 第二節　夢境與直覺：科學怎麼看？

第二節　夢境與直覺：科學怎麼看？

■ 為什麼夢與直覺總被畫上等號？

夢與直覺之間的連結，常讓人誤以為夢境提供的是「神祕知識」或「天啟」，而非日常經驗的一部分。許多文化傳統中將夢視為神諭、啟示，與先知般的直覺相提並論。例如《聖經》中約瑟解夢，《論語》中孔子夢見周公，都突顯夢境與未來、預感、指引之間的密切關係。

而在現代生活中，我們也不乏這樣的經驗：在做出某個決定前夢見某人或某事，醒來後產生一種「我應該這樣做」的直覺感。這種夢後直覺感是否具有科學基礎？它又是否值得信賴？

夢境值得傾聽，但不應該主導你的行動。它是你內在世界的聲音，不是命運的腳本。真正的預知，不是來自夢，而是來自你願不願意在清醒時仔細觀察、深度感受自己與世界的交會點。

第八章　夢會預言未來嗎？—迷信與心理的界線

科學界對直覺的定義與分類

首先要釐清的是，心理學與神經科學對「直覺」的定義並非神祕感應，而是一種「快速、無意識的判斷系統」。諾貝爾經濟學獎得主丹尼爾・康納曼（Daniel Kahneman）提出雙重歷程理論（System 1 & System 2），其中系統一正是快速、直觀、情境驅動的「直覺式思考」。

這種直覺雖不經過邏輯推理，但其實根植於大量經驗與記憶資料庫。換言之，直覺並非憑空而來，而是我們對潛在模式的快速辨識與反應。夢境則是這些模式經過潛意識處理後的投影表現。

夢境如何整合潛意識資訊？

研究發現，夢境不只是睡眠副產品，而是大腦整理資訊的重要歷程。在快速動眼期（REM）階段，大腦會對白天收集的大量感官與情緒訊號進行「壓縮與重組」。這時，表達與邏輯處理區域活性降低，而與情感、空間與記憶有關的區域（如海馬迴、島葉、前扣帶皮質）則活躍起來。

在這樣的腦內背景下，夢境成為「潛在訊號」的拼貼場域——它無須經過邏輯分析，卻有機會揭示被我們白天忽略的細節，或以情境方式重新呈現問題核心。這與直覺判斷的「快速、模糊、整體性」特徵高度一致。

320

第二節　夢境與直覺：科學怎麼看？

■ 夢中的直覺是否可靠？

直覺本身並非錯誤，但其可靠度取決於判斷者對該領域的熟悉度。根據心理學家蓋瑞·克萊恩（Gary Klein）的研究，專業直覺是來自大量實戰經驗的無意識資料統整。消防員能在數秒內判斷危險建築是否會塌，是因為他們的潛意識早已內建模式。

類似地，夢中所產生的「預感」、「解方」、「警訊」，若與夢者生活背景高度相關，便有可能是一種有效的潛意識預測；但若夢境完全無根據地跳脫現實經驗，其直覺效能也會相對薄弱。

舉例來說：一位設計師夢見靈感來源，隔天落實後確實解決了問題，這類夢中的「直覺啟示」多半是過去經驗的潛整合結果。反之，若一位毫無金融背景者因夢見股票名稱而重金投資，就可能屬於過度投射的錯誤直覺使用。

■ 實驗研究：夢能不能協助判斷？

研究者已試圖用實驗方式測試夢與決策的關係。哈佛大學的心理學家迪爾德麗·巴雷特（Deirdre Barrett）曾讓學生帶著一個問題入夢——例如「我該主修什麼科系」或「如何處理人際衝突」，結果發現，有近一半受試者報告夢中出現相關內容，有人甚至夢見具體的解決場景或建議。

雖然這些夢境多屬象徵形式，但參與者普遍表示「夢幫助我釐清了感受」、「我在夢中更誠實地

第八章　夢會預言未來嗎？—迷信與心理的界線

面對內心的想法」。這證明夢可以是判斷與選擇過程的一部分，特別當理性系統陷入卡關、無法取捨時，夢提供了另一種感知線索。

■ 危險在於神化：當直覺變成宿命

夢與直覺的結合固然迷人，但也容易讓人誤入「神諭式依賴」的陷阱。當我們過度信任夢中的指引，放棄現實資訊、邏輯推演與多方意見時，便可能落入決策偏誤。

心理學稱之為「認知封閉」：為了迅速降低不確定感，人們會抓住一個看似權威或神祕的答案——夢境、塔羅、靈感——並以此取代思考。這種對夢中直覺的過度信任，反而會削弱自我決策力。

更甚者，有些人在經歷創傷後將夢境視為通靈媒介，夢見亡者、神祕訊號、未來警告，導致無法從悲傷或焦慮中抽離。這類情況下，夢與直覺的混用反而造成心理負擔，甚至觸發焦慮症狀與現實逃避傾向。

■ 夢是潛意識的智慧，而非超能力

夢與直覺並非神祕力量的出口，而是內在整合的窗口。它們不是外部神祕訊號，而是你內在經驗的再組合。當你夢見某個問題的解法，或突然有一種「就是這個答案」的感覺，別急著相信那是預

322

■ 第三節　古代解夢與現代心理學有關嗎？

言──那是你潛意識在替你思考，只是它說的語言比較詩意。

夢中的直覺值得被傾聽，但更值得的是，你醒來後是否願意檢視它的根源、挑戰它的合理性，並結合現實知識一起前進。夢不該替你決定事情，它只是提醒你──你比自己以為的更聰明。

夢中的預感：也許只是你自己給自己的暗號。

第三節　古代解夢與現代心理學有關嗎？

■ 夢的解釋從來不是現代人的專利

夢的解釋在人類文明中源遠流長，遠在現代心理學誕生之前，幾乎所有古代文明都有自己的解夢系統。從中國的《周公解夢》、印度的《吠陀經》、埃及的夢神塞拉皮斯信仰，到古希臘的阿斯克勒庇俄斯神廟──夢被視為來自神明、靈界，甚至祖靈傳遞訊息的橋梁。

在這些古代體系中，夢的重點往往不在心理深層，而在於外部世界的預兆功能。夢不僅與個人命運、國家興衰、疾病預警有關，還可能成為政治決策、軍事行動的依據。換句話說，古人將夢當作一種「外來訊息」，而非「內在反映」。

323

第八章　夢會預言未來嗎？—迷信與心理的界線

■《周公解夢》與象徵體系的雛形

在華人文化中最廣為流傳的解夢體系當屬《周公解夢》。這部書雖然並非真正出自周公旦之手，而是歷代民間託名所彙編，其內容卻深植人心。它依據夢境中的具體象徵，如蛇、虎、雨水、牙齒脫落等，對應特定的人生事件、吉凶預兆，形成系統化的象徵對照表。

從心理學角度來看，這其實與後來榮格提出的「集體潛意識」概念不謀而合。雖然詮釋起點不同，但兩者都承認：夢境之中有一部分，來自於超越個人的文化記憶與歷史背景。

《周公解夢》的邏輯並非建構於個人心理結構，而是一種「社會性符號系統」——它將夢象徵與傳統文化中的吉凶分類結合，讓夢者得以透過「對號入座」獲得安慰、指引或警告。

■榮格與「原型夢解」的對話可能

瑞士心理學家卡爾‧榮格（Carl Jung）是現代心理學中最重視夢境象徵系統的學者之一。他與佛洛伊德不同，主張夢不只是個人壓抑欲望的表現，而是內在自我調節與人格整合的歷程。夢中的圖像，往往是來自於「原型」（archetypes）——如母親、大海、蛇、英雄、高塔等具有跨文化共鳴的符號。

榮格認為，夢的目的不是預知未來，而是向夢者揭示他尚未整合的心理片段。這與《周公解夢》

324

第三節　古代解夢與現代心理學有關嗎？

的吉凶論述不同，卻在詮釋方式上有所重合——兩者都相信夢具有象徵性，並可藉由解讀還原其訊息。

若從這個角度看，古代夢書不再只是迷信文本，而是早期象徵心理學的原始雛形。它們以象徵符號為單位，嘗試分類、彙整人類共通的情感與處境，是人類試圖解碼潛意識的一種早期嘗試。

《新集周公解夢書》：民間心理的集體剪影

另一部值得注意的夢書是《新集周公解夢書》，出土於敦煌莫高窟，內容涵蓋唐宋時期大量夢境案例與解釋。不同於《周公解夢》的條列式結構，《新集周公解夢書》充滿了故事性與具體情節，如夢見殺人、見鬼、婚娶、得病等，每則夢皆附上社會現象、家庭結構或宗教背景的說明。

從心理學的觀點看，這類文本彷彿是古代人的「夢日記」，它反映的不是個別人物的心理狀態，而是整個時代集體心理的投影。它們記錄了民眾對死亡、愛情、疾病、財富、官運的焦慮與想像，也顯示出夢作為一種「文化鏡子」的作用。

古代解夢與心理治療的相遇

現代心理治療中，夢分析仍然是一項重要技術，特別在深度心理學與榮格取向的諮商實務中。治療師會邀請案主記錄夢境，並與日常情緒、潛在衝突進行連結。

325

第八章　夢會預言未來嗎？—迷信與心理的界線

■ 夢的詮釋，是文化與心理的雙重語言

這與古代解夢不同之處，在於它強調「個別意義建構」，而非「固定答案」——同樣是夢見蛇，有人代表恐懼，有人象徵變化，有人暗示性力量。心理治療關注的不是夢象對應現實，而是夢者與夢象之間產生什麼樣的情緒與聯想。

但從更寬廣的文化觀點來看，古代解夢提供的是一種「心理外包機制」——在缺乏個人主體性的社會中，夢書幫助人們消化不確定與焦慮；而現代心理治療則是將這種功能轉化為「內在探索工具」，讓人得以用夢語言理解自我。

古代解夢與現代心理學之間，不是非此即彼的二元對立，而是不同時代、不同認知方式下的同一種渴望——理解夢、理解自己。從《周公解夢》到榮格的夢分析，我們看到的是人類如何用象徵、語言與敘事來接觸內心深處的未知。

你可以不信古書對夢的吉凶預兆，但不能否認它們作為文化記憶的力量；你可以懷疑心理學的主觀詮釋，但無法否定夢對你內在真實的召喚。兩者的交會，不是錯誤與正確，而是古老與現代在潛意識中相遇的聲音。

夢從來不是單一答案，而是一種等待被翻譯的語言。

326

■ 第四節　做夢能不能用來決定事情？

第四節 做夢能不能用來決定事情？

■ 人類從夢中找答案的歷史悠久

從古到今，許多重大決策都與夢境有關，如亞歷山大大帝征伐波斯前曾夢見神明鼓舞。但夢境真的能用來做決定嗎？在資訊爆炸的現代，這樣的想法可能讓人感到過時，甚至危險。但若從心理學角度切入，我們會發現：夢境或許不能「替你做決定」，但它可以「幫你釐清思緒」。

■ 決策的壓力與夢的調節作用

決策之所以困難，往往不在於資料不夠，而在於情緒太多。焦慮、不確定、自責、遺憾、期待——這些混合的感受干擾理性思維。夢境恰好在這時候發揮作用：當理性系統暫時休眠，潛意識接手組織情緒與經驗，以非線性的方式呈現「你真正在意的是什麼」。

許多研究指出，夢可以協助處理未解情緒、模擬選項後果、整合價值觀。例如：你在白天反覆思考是否辭職，但遲遲無法下定決心。夢中，你可能看到自己重回校園、在陌生城市展開新生活，或夢見被舊公司冷漠對待。這些夢境未必提供明確答案，但卻揭露你內心的渴望、恐懼與未說出口的情緒傾向。

327

第八章　夢會預言未來嗎？─迷信與心理的界線

■ 榮格心理學：夢是內在自我的建議書

榮格認為，每個夢境都是自我與潛意識之間的溝通橋梁。夢中的象徵與劇情往往指向夢者「正在進行中的心理過程」。在榮格分析中，「夢不是給你正確答案，而是反映你目前心理狀態與未整合部分」。

換言之，夢境並非告訴你該怎麼選，而是提醒你「你忽略了這個部分」。做夢並不能替你做選擇，但它能帶來深層資訊，讓你更清楚自己的處境與內在分裂。例如：夢見兩條道路，一條寧靜、一條混亂，可能代表你對穩定與冒險的雙重情緒拉扯。

■ 決策時夢境的「輔助功能」

許多心理師建議個案記錄夢境，特別是在面臨人生重大抉擇時。這不是因為夢能預知未來，而是因為它提供了一種「模擬情境」的平臺。夢中的情緒強度與象徵畫面往往比醒時思考更直接，也更貼近真實內在。

例如：一名準備轉行的工程師在夢中不斷重回舊公司，反覆被主管質問失職。他發現，自己雖然渴望離職，但對於責任感與失敗感仍有深刻牽掛。這個夢讓他意識到「我不是不敢走，而是還沒道別」。後來他安排與舊主管對話，釋懷後才真正踏出下一步。

夢境在這裡扮演的不是預測者，而是情緒與價值觀的顯影器。

328

第四節　做夢能不能用來決定事情？

當夢變成「唯一依據」會發生什麼事？

心理學案例中也不乏夢被誤用為決策唯一依據的情況。有些人過度依賴夢中畫面，甚至將其視為神諭。例如：

◇ 因夢見與某人結婚，就強行追求對方；
◇ 因夢見出車禍，就拒絕搭乘交通工具；
◇ 因夢見公司倒閉，便立即辭職、馬上換工作。

這類對夢境的過度詮釋，往往根源於個體內在的高焦慮感、強烈的控制需求，或深植的宗教信仰背景。在心理學觀點中，這種現象可視為一種「神聖性投射」——即將內心壓抑的情緒、欲望或不安，轉化並投射到夢中的象徵物上，進而賦予它們過度的意義與絕對性地位。夢中的符號於是被視為超越現實的神諭，而非情緒或經驗的心理反映。

一旦夢變成替代現實判斷的權威，那麼夢境的啟示性就被扭曲為命令性，這正是心理風險的開端。

如何健康的讓夢參與選擇？

如果我們承認夢是一種潛意識整合工具，那麼就應該給它「參與」的角色，而非「主導」的位置。

以下是幾個建議讓夢安全的參與決策歷程：

第八章 夢會預言未來嗎？—迷信與心理的界線

◆ 記錄夢境：每日醒來即寫下夢中場景、人物與感受，不評斷、不解釋，純粹留存素材。

◆ 搭配現實反思：問問自己：「這個夢呈現了我內心哪一種渴望或恐懼？」、「它是否反映我白天忽略的部分？」

◆ 與他人討論：找信任的人或專業諮商師，一起解讀夢中的象徵意義。

◆ 避免單一詮釋：同一夢象可能有多種解釋，不要認定夢中的指引就是唯一真理。

◆ 不做衝動行動：夢中若出現劇烈劇情（如死亡、災難、崩壞），請冷靜評估，不立即將其視為現實指令。

■ 夢是心靈的參謀，不是指揮官

做夢能不能用來做決定？答案是：不能直接做決定，但能幫你了解自己如何做決定。它是你的內心提供給你的情緒草圖、願望拼圖與價值地圖。

夢不能替你選擇人生路線，但可以讓你知道，為什麼你總是在某個岔路徘徊不前。你仍然要自己走那條路，夢只是悄悄地提醒你：「你害怕的，不是路本身，而是走出舒適圈的你。」

夢，不是命運的預測器，而是選擇前的一面鏡子。

330

第五節　揭開夢境吉凶的文化迷思：從象徵到情緒的轉譯

夢境分類的文化起源

在東亞傳統文化中，夢被普遍劃分為「吉夢」與「凶夢」：夢見龍、鳳、花開、飛翔等象徵幸運；夢見掉牙、墜落、死亡或被追殺則常被視為不祥。然而，這種分類是否真有心理與行為上的基礎？吉凶夢的劃分，在現代心理學角度中又代表什麼？

夢象分類的習慣，起源於象徵思維與神話結構的累積。人類早期無法理解自然災變與生死循環，便將具強烈情感價值的圖像（如血、蛇、火）與生活經驗做關聯。例如火象徵毀滅或重生、蛇象徵陰險或智慧，逐漸形成固定象徵系統。這些象徵再透過宗教、民間信仰與夢書流傳，成為集體對夢的「文化解碼工具」。

《周公解夢》的吉凶分類邏輯

《周公解夢》是華人世界中最具代表性的解夢體系，將夢象依象徵意涵進行吉凶分類，例如：

◆ 夢見「蛇咬」被視為破財或疾病之兆；

第八章　夢會預言未來嗎？—迷信與心理的界線

◆ 夢見「龍升天」象徵升官或貴人扶助；

◆ 夢見「牙齒掉落」象徵親人亡故或家宅不安。

這些分類建立於古代社會的價值與道德體系上。例如「蛇」在農業社會中可能代表田間害獸；「牙齒」與身體衰敗聯想；而「龍」則是皇權與神聖的代表。

現代心理學對此並不否定文化象徵的影響，但強調「夢的意涵需回到個體脈絡理解」。也就是說，「夢見蛇」這件事對農夫與對城市上班族的意義可能完全不同。

榮格學派：夢象是集體潛意識的投射

榮格認為夢境的內容來自個人潛意識與集體潛意識的交會。夢象如蛇、湖泊、火、飛翔，是人類共同心理結構中的「原型」（archetypes），會在不同文化中以不同符號顯現。

因此，吉夢與凶夢不一定代表好壞預兆，而是內在心理狀態的映射。例如：

◆ 夢見被追殺，可能是你在現實中逃避某個壓力源；

◆ 夢見升天，可能是你對自我超越的渴望與焦慮交雜；

◆ 夢見墜落，或許象徵失控感與不安全依附。

吉與凶的分類若離開個人心理背景，就只是空洞的迷信符號。

第五節　揭開夢境吉凶的文化迷思：從象徵到情緒的轉譯

現代神經科學怎麼看待這些夢象？

在快速動眼期（REM）中，腦中處理情緒與記憶的區域（如杏仁核、海馬迴）高度活化，而掌控邏輯與秩序的前額葉則相對抑制。這解釋了為何夢境常充滿誇張、矛盾與象徵。

夢見死亡、洪水、爆炸，未必代表災難，而是情緒的強烈釋放；夢見飛翔、遇見老朋友、拾獲寶藏，也未必真有好運，而可能只是內在資源的再建構與慰藉。

夢象其實是大腦在模擬情緒劇場，而非傳遞外在命運訊號。每個畫面都是情感圖像的堆疊與壓力反射。

當吉夢成為過度期望，凶夢變成自我暗示

夢的誤用在於它太容易被過度解釋。許多人做了「吉夢」，就不自覺期待好運到來，反而忽略行動；做了「凶夢」，則陷入焦慮與過度自責，甚至出現類似災難的自我暗示效應。

心理學家指出，這類反應源於「信念期待效應」與「災難化思維」。

例如：

- ◆ 夢見親人死亡就開始打電話確認狀況，反而增強不安感；
- ◆ 夢見發大財就停止努力，等待夢成真；

第八章 夢會預言未來嗎？—迷信與心理的界線

如何重新理解「吉夢」與「凶夢」？

現代心理學鼓勵以「情緒反應」而非「符號結果」來理解夢象：

◆ 問自己夢中感覺如何：比起夢到什麼，更重要的是你當下感受到什麼——快樂、恐懼、渴望、焦慮？

◆ 結合現實生活脈絡：這個夢與你最近的處境、壓力、渴望有無關聯？

◆ 探索夢象的個人意義：對你而言，「蛇」可能代表母親的操控，而非財運；「火」可能是你情緒無處安放的象徵。

◆ 寫下夢後思緒：夢後的情緒與念頭常比夢本身更能反映潛意識的訊息。

夢象沒有固定意義，只有與你此刻生命狀態相互作用時，才會產生真正的解讀價值。

當我們將夢象視為「現實映照」而非「心理象徵」，便可能落入命運迷思。

夢見被拋棄，就懷疑伴侶是否有異心，形成關係猜疑循環。

334

■ 第六節 夢見中獎、發財、升官代表什麼？

與其問夢象吉凶，不如問你內心的訊號

「吉夢」與「凶夢」不應是命運的代號，而是情緒與信念的象徵濃縮。若你做了一個夢，不妨暫時放下「會不會發生」的焦慮，轉而問自己：「我正在壓抑什麼？」、「我渴望改變什麼？」、「我在哪裡感到不安？」

真正的吉夢，是讓你勇敢正視內在訊息；真正的凶夢，是被忽視的真相敲門。

第六節 夢見中獎、發財、升官代表什麼？

■ 財富夢境的魅力從何而來？

夢見中大獎、發財、升遷、升官，一覺醒來心情大好，彷彿未來已注定走上康莊大道。這類「正向預兆型夢境」在現代生活中相當常見，也最容易讓人陷入幻想或期待。問題是：這類夢境有無心理基礎？為什麼我們會在夢裡體驗這些成功場景？

從心理學角度來看，這些夢境常與「未被滿足的欲望」與「自我補償機制」有關。當個人在現實生

第八章　夢會預言未來嗎？—迷信與心理的界線

活中面對壓力、經濟焦慮、職涯不確定感，夢境便成為情緒緩衝的空間——一個允許你暫時逃離限制、擁有一切的心理舞臺。

■ 佛洛伊德：滿足願望的夢

西格蒙德．佛洛伊德在《夢的解析》中提出夢是「被壓抑願望的實現」。其中一大類即是物質欲望與社會地位欲望的補償型夢境。他指出，人在日常受道德、社會制約約束，潛意識只能在夢中偷偷釋放真實欲望。

所以，夢見「被封為高官」、「發現寶藏」、「中樂透」等情節，本質上是潛意識對壓抑的欲望進行象徵性釋放。例如：

◆ 貧困者夢見發財，反映對經濟焦慮的代償；
◆ 職場低落者夢見升遷，可能是對價值感失落的補償；
◆ 長期缺乏成就感者，常夢見「突然被賞識」、「被點名升官」。

這些夢不是預知，而是情緒調節。

336

第六節　夢見中獎、發財、升官代表什麼？

榮格：象徵與整合的力量

榮格則進一步指出，夢中的財富或權力象徵，不單是欲望滿足，更代表「自我整合過程」中的能量象徵。例如：夢見撿到黃金或寶石，常象徵潛意識覺醒、內在資源的再發現。

當你在夢中「被提拔」、「接收遺產」、「在拍賣中勝出」，這些情境不一定反映外在命運的轉變，而是象徵你內在力量開始運作、自我價值正在重建的過程。這也意味著，這類夢可以作為心理成熟的指標，提醒你注意哪些潛能尚未被好好運用。

發財夢與壓力釋放的關係

研究顯示，經濟焦慮是現代人做夢最常出現的隱性主題之一。夢中發財、找到錢包、打開保險箱、突然升值的股票等情節，在現代都市人口中出現頻率極高。

這些夢境常常與睡前的焦慮資訊有關，例如：查看帳單、與他人談論收入、看到購物廣告等。潛意識會將這些壓力場景轉化為夢中的「勝利感」，作為自我安撫與重建信心的心理策略。

然而，若這類夢境頻繁出現，可能暗示現實壓力過高。長期依賴夢中成功情節來緩解焦慮，會讓人對現實行動力減弱，甚至出現「賭博型幻想思維」。

第八章　夢會預言未來嗎？—迷信與心理的界線

◼ 中獎夢⋯真的是好預兆嗎？

不少人夢見中樂透後開始購買彩券，有人甚至依據夢中號碼投注。心理學將這稱為「行為強化偏誤」：人傾向把偶然事件與行動建立錯誤連結。

從統計學來看，中獎與夢境無關；但從心理層面看，這類夢往往出現在「極度匱乏」或「過度期待」的時期，是一種象徵性的希望投注。夢境給了你成功的模擬場景，但現實改變仍需回到行動與計畫中。

此外，中獎夢也可能代表你「想要一夜解決困境」的傾向——這種心態若長期存在，可能阻礙現實中理性的財務規劃與目標執行。

◼ 升官夢與價值感的對話

夢見升官，常代表自我價值的重構。這不一定來自外部權力，而可能是潛意識試圖告訴你：「你值得更多肯定」、「你擁有被看見的渴望」。

夢中的「被委以重任」、「成為團隊領導者」、「發表重要演說」等場景，可能反映的是你內在能力開始萌芽，但尚未在現實被充分承認。這類夢提醒你應重視自己的潛能，並尋求實現的管道。

但若夢境充滿誇張的「登基」、「掌權」、「被奉為救世主」等誇大象徵，則需小心這是否為自戀

338

第六節　夢見中獎、發財、升官代表什麼？

防衛機制的一部分。過度的升官夢可能是低自尊的反動，也可能代表你在現實生活中過度依賴他人肯定。

■ 當財富與成功夢變成幻想陷阱

夢境本可療癒，但若過度依附，則可能變成拖延與逃避的藉口。心理師指出，以下狀況需特別注意：

◆ 對夢中場景過度回味，無法集中於白天任務。
◆ 覺得夢中才是真實生活，現實都是失敗；
◆ 常以夢中的好運為藉口，不行動；

這類現象可能是「夢逃避症候群」的表現。這不僅延遲現實目標的達成，也可能演變為輕度憂鬱與無能感的增長。

■ 如何善用這些夢象？

要讓夢中財富與成功的象徵真正為人生帶來轉變，關鍵在於將「象徵」轉化為「行動方向」。建議如下：

第八章　夢會預言未來嗎？—迷信與心理的界線

■ 夢中的金錢與地位，不是目的，是訊號

夢見成功、發財或升官，是一種心理暗示，也是一種願望的形式語言。它不是現實發生的預告，而是內在需求的擬像。

這類夢境真正的價值，不在於它「會不會成真」，而在於它「提醒你哪裡還沒行動」。夢讓你看見心中渴望的版本，也賦予你一個問題：你會不會比夢裡的自己，更願意為成功努力？

◆ 夢後記錄與反思：夢見成功後，思考夢中的感覺與情節，是否對應你當下的目標壓力？

◆ 拆解夢中行為：你在夢中做了什麼？是否反映出你現實可以模仿的策略？

◆ 思考夢中他人角色：誰鼓勵你？誰反對你？這些人物可能是你現實人際的象徵。

◆ 用夢中象徵設定小目標：夢見升官，可以試著在現實爭取更多發言機會；夢見中獎，或許是你需要為自己找回信心與突破點。

340

第七節　靈異夢與宗教夢：心理還是神祕？

第七節　靈異夢與宗教夢：心理還是神祕？

神祕經驗與夢境的交會

你是否曾夢見已故親人回來探望，夢醒後心情沉重卻帶著感動？又或夢見神明託夢指引方向，醒來後覺得意義非凡？這類經驗在臺灣、亞洲甚至世界各地文化中都有高度共鳴，被稱為「靈異夢」或「宗教夢」。

這些夢境往往帶有特殊情緒色彩——安詳、震撼、敬畏、哭泣、流淚或失聲大喊。它們難以用常規邏輯解釋，也因此被人認為可能來自「另一個世界」。但從心理學角度看，這些夢是神祕的顯現，還是潛意識的投影？

死者託夢：哀傷處理的潛意識歷程

最常見的靈異夢是夢見已故親人。夢中，逝者可能未語一言，只是站在遠處看著你，也可能給予明確訊息，像是「我很好」、「不要擔心我」。

心理學上，這類夢境多與「哀傷歷程」有關。當一個重要對象離世時，人腦需要時間與心理空間

第八章　夢會預言未來嗎？—迷信與心理的界線

來重新整合世界觀與自我認同。夢境提供了一個「安全模擬場」，讓我們能以象徵方式與逝者道別、重聚、和解。

這種夢未必是真的靈魂來訪，而更像是我們內在創造出的影像，幫助自己完成哀悼的心靈儀式。心理師稱這類夢為哀傷整合性夢境，其療癒作用已獲諸多研究支持。

■ 宗教夢：信仰象徵的內在對話

夢見神明、佛祖、基督、菩薩甚至天使的夢，常常發生在信仰者面臨困難或抉擇時。夢中，神明可能鼓勵你、指引你、警告你或只是出現在遠方。

這類夢通常與個體內在「信念系統的重組」有關。心理學家表示，神祇是「人格理想化部分」的具象化——也就是說，我們將希望、愛、智慧與寬容等價值，投射在熟悉的神祇形象上。

當我們在現實中迷失方向、懷疑自我、對未來不安時，夢境便會透過熟悉的信仰形象來「說話」。這不是神真的降臨，而是我們潛意識用信仰語言重建秩序與信心。

■ 靈異夢的超驗性：難以否定也難以證實

值得注意的是，並非所有靈異夢都能以心理解釋完全涵蓋。部分個案報告提及夢中細節與現實未知事件吻合，例如：夢見親人遭遇意外，後來果真發生；夢中收到某人訊息，醒來發現對方剛過世。

342

第七節　靈異夢與宗教夢：心理還是神祕？

這些超驗經驗是否可能來自靈界訊號？心理學無法證實也無法否定，但傾向採用「開放式詮釋」：也許是直覺與潛意識的高度整合，也可能是巧合中的心理意義再建構。

正如榮格所言：「夢是潛意識與意識對話的語言。」這提醒我們，與其糾結夢境是否預示未來，不如回望它在我們心中喚起了什麼情緒與轉變。

■ 靈異夢的心理效應：正向與風險並存

靈異夢常帶來強烈的心理效應，有些能帶來情緒安慰與生命意義感：

◆ 重新連結被切斷的情感關係。
◆ 為信仰者帶來勇氣與希望；
◆ 幫助遺族減輕罪惡與悔恨；

但也有部分夢者過度解釋夢境，導致迷信、焦慮，甚至出現「夢中指令」導向的強迫行為。例如：

◆ 一再重複相同夢境而無法入眠。
◆ 因夢見詛咒而產生被害妄想；
◆ 因夢中神明說「要辭職」而放棄工作；

這些情況已超出靈性層次，進入精神健康議題，需尋求心理專業協助。

343

第八章　夢會預言未來嗎？—迷信與心理的界線

靈異夢與創傷記憶的重組關係

某些靈異夢其實是創傷後壓力反應的一種。夢見靈體糾纏、反覆出現的鬼影、無法說話的夢中經歷，可能是潛藏的恐懼記憶未被整合。

心理治療中常會出現此類夢境轉化——當創傷逐漸被說出、理解與接納，夢中的鬼魅圖像便會轉化為較和緩的情境。例如從「被抓住」轉變為「逃脫成功」；從「靈體逼近」轉化為「與之對話」。

因此，靈異夢不一定真的靈異，可能是你內心傷口正在說話。

如何面對這些靈異場景？

先辨識夢中的情緒內容：恐懼、羞愧、孤單、被審判……這些感覺才是解讀關鍵。

◆ 回到你當時的生活狀態：夢中的怪象通常對應你內心壓力指數最高的時段。

◆ 不用全盤否認，也不必迷信化：靈異感受可能來自感官混淆，也可能來自潛意識的強烈表達。

夢見靈異與文化背景的連動

許多靈異夢的形式，會因地區文化而異。臺灣人常夢見廟宇、祖靈、招魂場景；西方文化則出現吸血鬼、鬼魂、十字架等。這些差異反映出「文化信念系統」對潛意識的深度影響。

344

第七節　靈異夢與宗教夢：心理還是神祕？

夢會「借用文化語言」來表達情緒。例如：

◆ 臺灣人若內心有未盡孝道之感，可能夢見祖先；
◆ 在高度壓力或愧疚感中成長的孩子，長大後容易夢見被神懲罰。

文化，是夢境的詞彙庫，而非靈界入口。

宗教夢的積極功能：讓你與信仰再連線

對於虔誠的信徒來說，夢中出現神祇是深刻的鼓舞經驗。它常常發生在信仰動搖或遭遇重大苦難時，夢境提供了一個「再連線」的機會。

許多案例顯示，宗教夢能強化人的價值觀與道德信念，提升抗壓力。例如夢見佛祖靜坐、耶穌張開雙臂、媽祖撫慰人群等，均有助於恢復內在秩序感與希望。

心理學稱這為「象徵性整合夢境」，它不需要是超自然事件，只要它讓你感覺更完整、更勇敢，就具有療癒價值。

第八章 夢會預言未來嗎？—迷信與心理的界線

神祕或心理？靈異夢的意義取決於你怎麼看

靈異夢與宗教夢，是心理與靈性的交會地帶。你可以選擇相信它來自靈界，也可以選擇相信它是你內心更高智慧的語言。

真正重要的不是夢境來自哪裡，而是它帶給你什麼情緒、啟發與行動。若夢讓你更勇敢、更溫柔、更理解自己，那它就值得被聆聽。

夢，有時來自上天，有時來自內心。而往往最神祕的，不是夢本身，而是那個願意相信它的人心。

第八節　為什麼人會相信夢？信念的力量

■ 夢，最私密也最公共的信仰場域

在歷史與日常生活中，夢一直被視為具有啟示性、神祕性甚至權威性的心理經驗。許多人對夢深信不疑，將其作為未來預兆、情緒指引或神祕訊息的來源。為什麼夢這麼容易被相信？心理學與人類

346

第八節　為什麼人會相信夢？信念的力量

認知的不確定性與夢的吸引力

人類的大腦天生抗拒「不確定」。當遇到未知、混亂、失序的情境，例如疾病、意外、重大決策、情感崩潰等，夢境提供了一種象徵秩序的方式。夢用模糊而詩意的語言講述我們自己尚未整合的情緒，讓事件「看起來有意義」，這種「主觀有意義感」正是夢容易被相信的原因之一。

例如：一位母親在孩子生病時夢見自己在黑夜中緊握孩子的手，醒來後心生安心，認為這是預示孩子會平安；或一位失戀者夢見舊愛轉身道別，進而下定決心重新生活。這些夢是否真能改變現實，未可知，但它們改變了「做夢的人」對現實的感知與態度。

信念效應與夢的自我強化

心理學中有一個概念叫做「信念效應」，即：當一個人真心相信某事有意義時，他的身體與行為會開始配合這個信念運作。這就是為什麼夢能在某些人心中產生「真實發生」的重量。

夢境之所以強化信念，還來自於它的「私密性與不可被他人干涉性」。你無法證明一個夢是假的，也無法剝奪他人對夢的詮釋權。這使得夢成為極端主觀的心理財產，具有近乎神聖的地位。

347

第八章　夢會預言未來嗎？─迷信與心理的界線

■ 信仰與文化如何強化夢的解釋權

在宗教與文化傳統中，夢常被視為「神諭」、「先兆」、「靈界的語言」。從聖經的約瑟解夢，到道教的託夢系統，甚至原住民族的「祖靈夢境教育」，我們可見夢被賦予超越常人的詮釋地位。

這些信仰賦權的機制，讓夢不再只是個人經驗，而成為一種文化話語。當你夢見特定象徵（如蛇、血、水），這些符號會迅速被文化語境拉入，成為「你正在面對某種狀況」的證據。這種被社會認可的詮釋架構，使夢信仰不只是心理現象，更是社會心理現象。

■ 當代人為什麼更需要夢的信仰？

在資訊氾濫與選擇焦慮的現代社會中，夢反而成為一種「靜謐內在聲音」。它不像社群媒體那般喧囂、外部評論那樣霸道。它柔和、模糊，但貼近內心。許多現代人轉向瑜伽、冥想、占星、解夢等新靈性實踐，正是因為這些系統給予「情緒有秩序的出口」。

夢，被視為最個人化的訊息。人們願意相信夢，是因為夢允許人保留對自己人生的主導詮釋權。

■ 夢與希望、焦慮與控制欲

根據研究，人們最容易相信夢的時候，往往是「現實難以掌控」的時候。這反映了夢與希望、焦慮與控制欲之間的微妙張力。

348

第八節　為什麼人會相信夢？信念的力量

高焦慮狀態下的人，會更常做夢，也更傾向尋找夢的意義；

自我效能感低落的人，更可能依賴夢境建構未來期望；

情緒壓抑者，則在夢中釋放衝突與欲望，並賦予這些內容超越性的意義。

這些心理狀態不是錯誤，而是夢的出現與被相信的情境條件。夢讓我們重拾某種控制感，即使只是象徵性的，也足以安撫內心。

夢信仰的風險：過度詮釋與現實脫節

儘管夢具有建構意義的力量，但若過度依賴夢進行決策、判斷人我關係或預測未來，則可能陷入「認知偏誤」與「現實逃避」。這類風險包括：

把夢當成命令或徵兆，失去主體選擇；

拒絕與現實對話，沉溺在夢中劇情；

因夢而產生非理性恐懼或行為（如忌諱、行為強迫）。

夢可以是訊息，但不是命令。夢可以給予感覺，但不能取代理性判斷。

第八章 夢會預言未來嗎？—迷信與心理的界線

如何讓夢的信念變成成長的力量？

夢境最適合的位置是「情緒與潛意識的翻譯者」。要讓夢信仰成為助力而非阻力，可採取以下做法：

◇ 保留象徵性，不當真但不否定：把夢當作內在訊息，而非命運揭示。

◇ 連結情緒，而非符號本身：夢見蛇重要的不是「蛇」，而是當下的恐懼與張力。

◇ 搭配現實決策與邏輯評估：若夢中指引與現實情境矛盾，應以理性為主。

◇ 與人討論夢境，不封閉：他人視角能打開過度自我投射的陷阱。

你相信夢，是因為你需要相信些什麼

夢的力量，在於它給了我們一種解釋世界的方式。在不確定與變動中，夢幫助我們建立心理的秩序感、情緒的出口、與信念的中心。

夢境未必來自神明，也未必有準確答案。但它來自你內心深處的誠實片段，是潛意識用自己的語言說出「你還在乎什麼」、「你還相信什麼」。

夢不保證改變現實，但能改變你對現實的看法。而那一點微小的轉變，往往就是信念真正的力量所在。

■ 第九節　解讀夢會不會走火入魔？

第九節　解讀夢會不會走火入魔？

■ 當解夢變成執念：從好奇到執著的距離有多遠？

夢，是心靈的一面鏡子；但若鏡中的影像被過度詮釋，甚至被視為唯一真理，那麼，解夢就可能從一種心理探索工具，走向過度依賴與精神失衡的邊界。

許多人在初接觸夢的象徵意義時，會感到無比興奮與啟發：夢竟然能反映潛意識、整理情緒、象徵人生課題！然而，當這種探索轉變為執著，例如「我非得知道這夢代表什麼」、「每個細節都要有意義」，就可能落入「夢中強迫症」的狀態。

■ 過度詮釋的心理風險

心理學稱這種情況為「強迫性意義建構」：人在高度焦慮或控制欲強時，會傾向將模糊資訊過度連結與解釋，夢境正好提供了最肥沃的土壤。

常見的過度解夢行為包括：

◆ 一天解夢數次，對同一個夢徵詢不同解釋；

351

第八章　夢會預言未來嗎？—迷信與心理的界線

◆ 因為夢到某人就更改人際互動策略；
◆ 拒絕進行任何與夢中警訊衝突的決定；
◆ 過度上網查詢夢象意義，形成資訊焦慮。

這些行為會讓夢從「反思的契機」變成「行為的絕對指南」，失去彈性與理性，也可能造成日常功能受損。

當夢成為恐懼的根源

走火入魔的解夢，最危險之處在於它可能引發「災難化預期」：將夢象視為確定即將發生的壞事。

例如：

◆ 夢見車禍就拒絕出門；
◆ 夢見伴侶出軌就產生強烈懷疑與監控；
◆ 夢見掉牙就開始焦慮親人安危，無法集中生活。

這些夢象本可能代表焦慮、無力、控制感失衡，但當它們被過度灌注象徵意義，將不再是潛意識的聲音，而成為現實中的心理枷鎖。

352

■ 第九節　解讀夢會不會走火入魔？

■ 宗教信仰與解夢的交會風險

在臺灣與亞洲社會中，夢與宗教信仰常緊密連結。託夢、示夢、夢中啟示等概念深植民間習俗。然而，若解夢過程中夾雜了權威人物（如師父、道長、命理師）對夢象的「單一詮釋」，容易產生控制或操弄的風險。

曾有個案因師父解夢為「若不捐錢就會遭厄運」，陷入焦慮與負債；也有家庭因夢境誤會產生重大親子衝突。當夢不再是內在探索，而是被外部強制性指引，其結果就不再是療癒，而是傷害。

■ 榮格的提醒：解夢應是對話，不是結論

榮格強調：「夢是對內在自我開啟對話的邀請，而非命令清單。」他主張夢的象徵意義應由夢者自行探索，而非由外人單向詮釋，否則易造成夢者的心理依附與失能。

夢的目的不是給你「答案」，而是提供你「問題的另一種理解角度」。當我們強求夢提供精確預測與行動指令，就會走向走火入魔的路線。

第八章　夢會預言未來嗎？—迷信與心理的界線

正向解夢與病態解夢的分水嶺

如何分辨解夢是健康的還是過度的？以下是幾個指標：

面向	健康解夢	病態解夢
動機	好奇、反思、自我理解	焦慮、逃避、尋求絕對指令
頻率	偶爾記錄並整合	每天執著分析，重複查找
彈性	接受夢的多義性與模糊性	強迫將夢象定義成單一答案
行動	結合夢與現實資訊判斷	全面依賴夢象決策行為
影響	增強自我覺察與彈性	形成恐懼、依附與現實脫節

當解夢行為從「增強理解」轉向「逃避行動」，便需要特別留意是否已走向心理風險。

354

第九節　解讀夢會不會走火入魔？

如何避免解夢成為心理陷阱？

為了防止解夢走向病態，可以採取以下方法：

◇ 設定解夢頻率與時間：例如每週一次回顧夢境，而非每天過度分析。
◇ 以提問方式面對夢象：如「這個夢讓我想到什麼？」而不是「這夢代表什麼絕對意義？」。
◇ 結合情緒感受而非單一象徵：重點在於夢中情緒，而不是某個符號。
◇ 保持夢與現實的界線：提醒自己夢是象徵性敘事，不具命令性。

若夢引發明顯焦慮或干擾日常，建議尋求專業協助。

夢的解釋應是燈塔，不是繩索

解夢的本意是幫助你看見潛意識中尚未整合的部分，是一種情緒地圖與自我對話方式。若夢象變成拘束行動的指令、限制選擇的勒索、替代思考的捷徑，那麼夢就從幫手變成了困獸之籠。

學會善待夢，也學會放下夢。讓夢成為你自我覺察的夥伴，而非掌控你人生的主宰。因為真正的自由，不是知道每個夢的答案，而是你能在夢與醒之間，擁有自我解釋與選擇的力量。

第八章　夢會預言未來嗎？—迷信與心理的界線

第十節　心理學怎麼看夢的預言功能？

■ 預言夢的迷思：科學與神祕的界線

「我昨天夢見地震，今天真的搖了！」、「我夢到他出事，結果真的收到了噩耗」——這類「夢中成真」的經驗令人著迷，也讓許多人深信夢具備預知未來的能力。然而，從心理學與神經科學角度來看，夢是否真有預言功能？這是一個需要謹慎討論的問題。

首先需要釐清的是：心理學並不否認人有「預感」，但對「預言」一詞持懷疑態度。預感是基於潛在訊號的非意識整合，預言則暗示夢境能超越時空、看見未來，這違反目前對大腦時間處理機制的理解。

■ 大腦的預測性運作與潛意識統整

從認知神經科學角度，大腦是一部強大的預測機器。我們每天無數次依據既有經驗與感官線索進行預測行為，例如：預測他人反應、天氣變化或風險趨勢。這些預測多數自動進行，並非主觀自覺。

當這些潛意識預測未能在白天被整合時，便可能在夢中以象徵方式呈現。例如：你沒有明確意識

356

■ 第十節　心理學怎麼看夢的預言功能？

到某位同事的行為異常，但潛意識察覺了細節。夜裡便可能夢見「有人離開辦公室、消失或辭職」，幾天後真的發生。

這類情況並非靈異預言，而是潛意識完成了非線性整合。我們可以說「夢提前感知了某種趨勢」，但並不是「看見未來」。

■ 確認偏誤與選擇性記憶的心理作用

當人們認為夢成真時，往往忽略了一個心理偏誤：我們只記得夢境中與事件吻合的部分，卻忘記了成千上百個未成真的夢。

這就是所謂的「確認偏誤」與「選擇性記憶」。例如你夢見三次交通事故，有一次剛好新聞報導某地車禍，這段巧合就會被放大、記住，而其他不相關的夢則被遺忘。

另外，事後合理化也會讓人重構夢的細節，使其更符合已發生事件的輪廓。這些心理機制讓夢的「預言感」變得更加真實，但實際上只是記憶與情緒的再建構。

■ 情緒強度與預言感的形成

研究發現，情緒強烈的夢境更容易被記住，也更可能被賦予預言意義。舉例來說，夢見家人死亡、自己落水、火災、地震等夢境，若現實中有任何類似新聞或事件，便更可能被解釋為「早有徵兆」。

357

第八章　夢會預言未來嗎？—迷信與心理的界線

這是因為大腦習慣將情緒強度與重要性劃上等號——夢本身的衝擊性提高了你對它的注意與解釋欲望，而非它真的擁有未來資訊。

■ **榮格心理學的解釋：同步性**

瑞士心理學家榮格（Carl Jung）提出「同步性」概念，指的是兩個看似無關的事件在心理層面上產生意義上的連結，而非因果上的連結。

例如：你夢見一隻白貓，醒來後在街上真的看見一隻相似的白貓。這是否預言？榮格認為這種巧合若對夢者有特殊意義，那就是潛意識藉由外在事件「呼應」了內在狀態，是一種「有意義的偶然」，不是時間線的預告。

榮格強調：夢不是時空預言工具，而是心理整合的鏡子。我們透過夢看見自己、看見當下未被處理的情緒或關係，它幫助我們對當下做出選擇，而非告訴我們未來會如何發生。

■ **預知夢的實驗證據為何？**

目前心理學與腦科學尚未有實證研究證明夢能具備「預知功能」。所有關於預知夢的實驗大多存在以下問題：

358

第十節　心理學怎麼看夢的預言功能？

- 樣本量小且無隨機對照組；
- 結果依賴主觀報告與事後驗證；
- 無法排除巧合與記憶重組。

因此，即便有研究者記錄到部分「高準確夢境」，在科學標準上仍屬「相關性假設」，不足以證明夢具備跨時空感知能力。

預知夢的真實心理功能：模擬與試演

那麼，夢中那些似乎預示未來的內容是否毫無價值？心理學提供另一種解釋：「模擬假設理論」。

夢境可以視為大腦對未來可能情境進行「心理模擬與試演」的過程。這類夢境常出現在重要抉擇、焦慮高峰期，如：

- 旅行前夢見行李遺失。
- 考試前夢見考卷無法完成；
- 面試前夢見遲到或答不出問題；

這些夢並不是預測未來會失敗，而是幫助大腦提前演練壓力情境，提升清醒時的應對力。

第八章　夢會預言未來嗎？—迷信與心理的界線

研究發現，透過「模擬未來風險」的夢境，個體能夠在現實中降低焦慮與錯誤反應，提高行動準備度。這類功能是夢對未來最實際、最具心理學根據的「預言性」。

預言只是語言，覺察才是力量

夢否能預言未來？科學尚無定論，但心理學提供更可靠的解釋：夢是情緒的放大器、是潛意識的演練場、是信念的折射鏡。我們看見夢「說中」某些事，不是它預測成功，而是我們在夢中提前整理了情緒與經驗。

夢不該被神化為通靈工具，而應被視為心理的啟示錄。你能不能遇見未來，也許不是夢能不能告訴你什麼，而是你能不能從夢中認出自己內在的準備與渴望。

夢，不預言未來，但能讓你預備好面對未來。

360

第九章

夢的鏡子：從夢境看見真正的自己

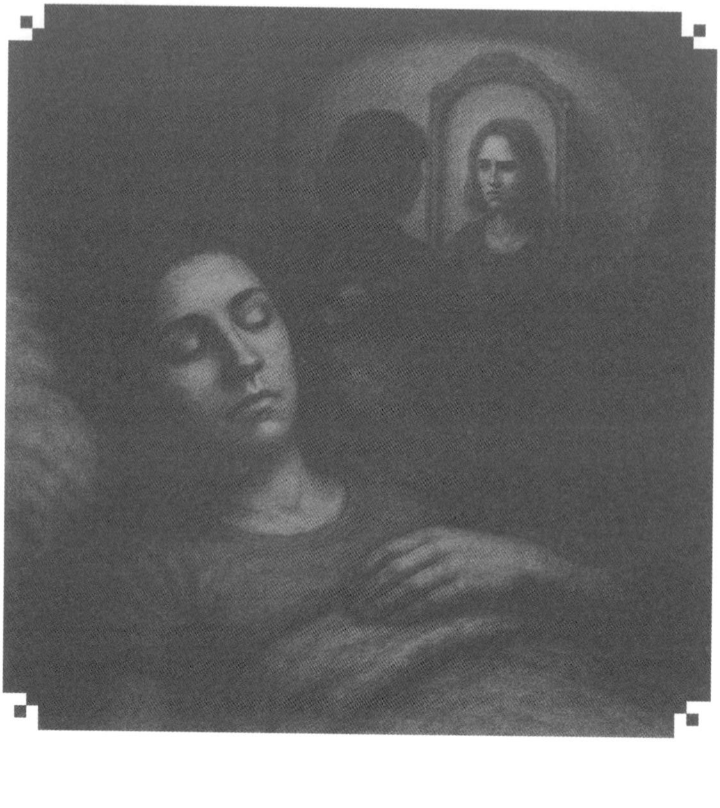

■ 第一節　每場夢，都是你內心世界的一場戲

第一節　每場夢，都是你內心世界的一場戲

■ 夢境不是幻想，而是內在戲劇的演出場

當你進入夢境，你並不是被動的觀看者，而是這場戲的主角、導演、編劇，甚至觀眾。每場夢境，都是你潛意識召喚的劇本，它透過劇情、角色與場景，把你白天壓抑、忽略、迴避的心理狀態，以戲劇化的方式重組並呈現出來。

夢不是幻象，而是一場精準的內心戲劇。它用戲劇的手法——誇張、象徵、變形、場景跳接——將你真實的情感衝突演出來，讓你即使在睡眠中，也能與自己對話、面對與釋放。

■ 潛意識是夢劇場的總導演

夢不是亂夢，它有情節、有角色、有主題。這些內容之所以看似荒謬，是因為潛意識不像意識那樣用邏輯運作，它用的是「情緒的語法」與「象徵的敘事」。

夢中的總導演，就是你的潛意識，它不斷策劃這場戲要怎麼演：

◆ 要讓你夢見國小老師，是因為你最近再次感受到被打分數的恐懼；

363

第九章　夢的鏡子：從夢境看見真正的自己

夢的角色是你內在人格的化身

夢中的人物，不只是你認識的人，也可能是你「內在人物」的象徵。

◆ 那個在夢中對你大吼的人，也許象徵你壓抑的怒氣；

◆ 那位拯救你的人，可能是你內心渴望出現的勇氣面；

◆ 那些一直冷眼旁觀的人，或許是你對「旁觀者」角色的恐懼。

夢中的每一個角色，無論是人、動物甚至無生命的物體，都可能是你某部分自我的象徵。榮格稱這種夢中出現的心理角色為「原型」，而現代夢工作者則稱之為「內在角色群」。

◆ 你不妨在醒來後問問自己：

◆ 夢中這個角色像不像我自己？

◆ 他說的話，是不是我平常對自己說的話？

◇ 要讓你重回童年老家，是因為你正在回溯某段未被理解的依附經驗；要讓你在夢中重複錯過列車，是為了表達你對現實中選擇猶豫的懊悔與焦躁。這些安排，精準得像一齣戲，只是你醒來常常忘了它的用意。

364

第一節　每場夢，都是你內心世界的一場戲

◇ 他代表我哪一個性格面向？

當你認出這些角色，你會驚訝發現：原來夢中的配角，都是你自己的化身。

場景是你情緒狀態的舞臺設計

夢中的空間安排與氛圍，往往能揭露你當下的心理情境。像是：

◆ 在大海中載浮載沉，意味著你正在處理失控的情感。
◆ 在熟悉的房間中迷路，代表你對熟悉環境產生疏離感；
◆ 在黑暗中找不到出口，象徵你對人生迷惘的情緒；

夢的場景不是背景，而是「內心狀態的外化」。夢場景愈細緻愈失控，可能代表你愈渴望理清混亂。夢中空間不斷變化，則象徵你心理狀態的波動與尋找方向的歷程。

劇情的荒謬，是情緒的邏輯

很多人會覺得夢的劇情不合理：怎麼突然跳到另一個國家？怎麼可以在飛機上遇到早已過世的人？

第九章　夢的鏡子：從夢境看見真正的自己

其實這些「不合理」，恰好是潛意識最真實的語言方式。因為夢的邏輯不是時間與空間的邏輯，而是「情緒與象徵」的邏輯。

◆ 你夢見自己同時是小孩與大人，是因為你正夾在過去與現在的價值矛盾中；
◆ 你夢見自己變成動物，是因為你壓抑了某種本能慾望；
◆ 你夢見時空錯亂，是因為你正在面對內在認同的重整。

夢的劇情設計，是你心裡那些難以說明的情緒正在排練它們自己的戲碼。

■ 夢是一種情緒排演與重寫記憶

夢的「戲劇性」不只是演給你看，它也有心理功能。研究指出，夢境可以幫助我們：

◆ 消化未完成的情緒（如悲傷、羞愧、怒氣）
◆ 重寫創傷記憶，降低情緒強度
◆ 為人生事件提供新的詮釋與敘事框架

夢如同夜間心理劇場，讓你能在安全的環境中排練那些你白天無法承受的感覺與劇情。

心理治療師常說：「夢是一場你導演的戲，但你不一定知道自己在導什麼。」正因為這樣，我們才需要在醒來後，重新觀看這場戲、為它寫一份觀後感，才能真正與潛意識對話。

■ 第二節　你不能控制夢，但可以理解它

第二節　你不能控制夢，但可以理解它

■ 學會觀戲，也學會觀心

每一場夢，都是你內在世界的排練與提示。它是潛意識為你安排的一場演出，只為讓你能更了解自己、正視困惑、擁抱矛盾、整合自我。

別急著找出結論，不妨先當一位觀眾，看完這場戲，問問自己：「這齣戲讓我感覺到什麼？我在戲中學到什麼？」

夢是戲，但夢從不虛假。它寫出你不願面對的劇本，演出你壓抑的角色，擺出你否認的情節。而當你學會看懂這場戲，你也就學會了，看懂自己的心。

■ 控制不了夢，是因為夢不是由你主導

許多人會好奇：「為什麼我總是夢見不想看到的人？」、「為什麼我在夢中總是無法逃離？」這些夢境看似隨機，甚至有些失控，但其實正是夢的本質：它不是由清醒意識操縱的劇本，而是潛意識自

367

第九章　夢的鏡子：從夢境看見真正的自己

■ 夢的自發性是心理整合的關鍵

夢的不可控性，其實是一種心理調節的自然形式。睡眠期間，大腦不再受外界訊息干擾，潛意識得以自由地整理記憶、釋放壓力、演練情緒。

如果夢全都能由我們控制，那它將失去作為「心理排毒」的效用。我們只讓自己看到想看的、聽到想聽的、感受到舒服的，這樣一來，許多未解的衝突與創傷便無法被面對。

也因此，夢的自發性，反而讓你有機會看到那些「你不願承認、卻又真實存在」的心理現象。

你不能選擇夢裡發生什麼，就像你無法控制回憶何時浮現、情緒何時觸發一樣。夢不是服從你邏輯思考的僕人，而是來自深層心理機制的產物。控制夢境幾乎是不可能的事，但你可以學會「理解夢境」：閱讀它的隱喻、傾聽它的情緒、解碼它的語言。

■ 清醒夢 ≠ 完全掌控夢境

在第七章我們說過「清醒夢」，這是一種人在夢中察覺自己正在作夢的狀態。有些人甚至能在清醒夢中進行部分操作，如改變場景、做出決定或召喚角色。

但即使在清醒夢中，夢境也不是完全可控。背景仍可能出錯、角色會「不聽話」、情緒反應可能

368

■ 第二節　你不能控制夢，但可以理解它

突然失控。這是因為夢境仍受到潛意識深層結構的限制。

清醒夢的價值，不在於「能否控制夢」，而是「能否有意識地觀察夢」。學會從夢中退一步觀看，是理解自我的訓練方式之一。

■ 從無法控制中，看見內在的真實需求

夢之所以讓人感到強烈，往往是因為它呈現了我們在清醒時不敢碰觸的部分。例如：

◆ 夢中逃跑失敗，是你對某種壓力現實的無力感；
◆ 夢中重複犯錯，是你內心對自我價值的懷疑；
◆ 夢中無法發聲，是你渴望表達卻被壓抑的痛苦。

這些不可控的夢，恰好呈現出你尚未整理、但極需面對的心理訊息。理解夢的最好方法，是回到這些情緒核心，問自己：「我真正想逃的是什麼？」、「我害怕的是什麼會重演？」

■ 理解夢的第一步，是放下「解讀正確性」

很多人在嘗試解夢時，會陷入「這樣解對不對？」的糾結中。但事實上，夢境的理解從來不是正確與否的問題，而是「它對我來說有什麼意義」的問題。

369

第九章 夢的鏡子：從夢境看見真正的自己

■ 夢是生命自我調節的一部分

心理學家卡爾・榮格（Carl Jung）曾說：「夢是自我與潛意識之間的對話」。這個對話從來不要求你聽懂每一句，而是希望你願意聆聽、願意參與。

夢並不要求你控制它，它要求你陪它說完話。夢境可能模糊、破碎、令人困惑，但正是這樣的模糊性，讓它能容納各種未被命名的情緒與內在狀態。

當你願意與夢保持對話關係，你會發現它不再只是「一場亂七八糟的戲」，而是一種不斷出現的內在提醒：你還有情緒沒整理，你還有渴望未正視，你還有恐懼尚未對話。

■ 你不能控制夢，但夢可以引導你理解自己

夢不是你能操控的投影片，但它是一面映照內在的鏡子。你無法選擇它演什麼戲，但你可以選擇怎麼看它、怎麼感受它、怎麼與它對話。

夢的畫面與情節是一種心理的原創語言，它需要你的參與才能被賦予意義。真正的夢解析，是你與自己共同完成的心理對話。它不在書本裡，而在你對夢境產生的感受中。

如果你夢見一條魚，與其查詢「魚代表什麼」，不如問：「那條魚讓我感覺什麼？」、「我跟牠的距離是什麼？」——這些問題，比象徵詞典更貼近你的潛意識。

370

第三節　從夢裡認識自己的渴望與恐懼

第三節　從夢裡認識自己的渴望與恐懼

你不用控制夢，只要相信它是你自己一部分的語言。當你願意放下控制、接住訊息，你會發現：不是夢控制你，也不是你控制夢，而是夢邀請你——成為自己心理旅程的見證者與參與者。

■ 夢，照出你最真實的內心景象

夢境從來不只是夜晚的無序畫面，而是一種心理掃描。它映照的不是事件本身，而是你對那些事件的情緒反應與深層欲望。在夢中，你可能夢見自己自由飛翔，可能無法控制地從高處墜落，也可能反覆地被人遺棄或追趕。這些劇情並不是預言，而是象徵你尚未面對的渴望與恐懼。

夢不說謊，它只是用另一種語言把你藏在意識下的想法與感受，搬上心理的舞臺。這些情緒不是幻想，而是你生活裡被壓抑的真相——那些你還沒來得及說出口，也不敢承認的自我。

第九章　夢的鏡子：從夢境看見真正的自己

夢境中的渴望：那些你白天不敢要的東西

夢常常顯現出「願望的場景」，你可能在夢中…

◆ 擁有財富與成功
◆ 重獲某段關係
◆ 做出某個在現實中不敢做的選擇
◆ 回到過去彌補遺憾

這些渴望未必是你當下有意識地追求的，但夢會透過這些「滿足畫面」告訴你：你內心某處其實想要這些東西，只是日常生活讓你壓抑了追求。

例如：夢見被表揚或受肯定，可能暗示你在現實中感到被忽略或價值感不足；夢見與已故親人共度時光，或許是你渴望情感連結、尚未完成哀悼歷程。

渴望不總是物質的，它也可能是一種狀態：自由、輕盈、坦率、原諒、愛。

夢境中的恐懼：潛意識的警報系統

如果夢裡經常出現…

◆ 被追趕、被困住、被忽略

372

第三節　從夢裡認識自己的渴望與恐懼

- 在大眾前失敗或出醜
- 重複犯錯、無法完成任務
- 失去親人、失去控制權

這些夢大多不是要預示什麼壞事，而是在提醒你：有某些恐懼正悄悄操縱著你。夢中的恐懼，是潛意識的警報器。它不會明說「你太焦慮了」，但它會不斷讓你夢見追不上電車、錯過表演、怎麼也穿不好衣服。

理解這些夢，就是在對恐懼說：「我看見你了。」而這，就是情緒開始釋放的起點。

從夢中事件看出未說的渴望與未解的恐懼

試著在夢醒後寫下：

◆ 夢中讓你最有感的事件是什麼？
◆ 那事件中，你想要什麼？你怕什麼？
◆ 這兩者，有沒有同時存在？

許多夢呈現的是渴望與恐懼交纏的狀態：你夢見要表演，渴望被看見，卻又在觀眾面前崩潰──這是對表現的渴望與害怕失敗的恐懼同時出現。

夢提供了一個安全的情境，讓你可以一次面對兩種衝突的感受。

第九章　夢的鏡子：從夢境看見真正的自己

■ 理解夢中的「衝突劇情」，才能認識真實的自己

渴望與恐懼往往不是彼此對立，而是同源的雙胞胎。你越渴望一件事，就越可能對失去它感到恐懼。

◆ 渴望愛的人，最怕被拒絕；
◆ 渴望成功的人，最怕被嘲笑；
◆ 渴望改變的人，最怕失控。

夢讓這些內在矛盾具象化，並透過誇張、變形的情節幫你演練如何與之共處。夢中的混亂與戲劇性，不是要讓你困惑，而是讓你練習承擔那些在清醒時不敢面對的心理衝突。

■ 夢是一個「真實但安全」的演練空間

夢最大的功能之一，是提供你一個無需後果的情緒實驗室。

◆ 你可以在夢中說出平常不敢說的話，或做出禁忌的行為；
◆ 你可以錯誤、失敗、被拒絕，卻不會真正受傷；
◆ 你可以探索內在未發展的那一面，如攻擊性、欲望、脆弱。

374

■ 第三節　從夢裡認識自己的渴望與恐懼

■ 渴望與恐懼交織的夢，是內在最重要的警訊

如果你經常夢見相同的情境，例如：

◆ 一再錯過時機、重複迷路、考試失敗
◆ 被困在舊家、與某個人和解失敗

夢不會罵你，它只是一次次地提醒你：「你準備好了嗎？現在可以多看自己一點了。」

這類夢是你的潛意識在重複傳遞一個訊號：「這裡有一件你該面對的事。」而這件事，很可能同時包含你的渴望與恐懼。

這不是夢在慫恿你做壞事，而是在幫助你建立「心理整合能力」——讓你知道：即使你心中有欲望與恐懼，你也可以活得真實。

■ 夢境，是你心理渴望與恐懼的對話錄音檔

每一場夢都是一段自我對話，有時候是低語、有時是吶喊、有時像獨白劇場。它記錄下來的不是劇情本身，而是情緒與需求的原音。

你想要什麼？你害怕什麼？你願意承認什麼？你逃避了什麼？——夢會幫你記下這些問題，並

375

第九章　夢的鏡子：從夢境看見真正的自己

在你願意打開的時候，重新播放給你聽。

夢境不判斷對錯，它只想陪你看見那些你忘了的、躲了的、渴望卻害怕擁有的那一塊真實的自己。

第四節　夢知道你藏了什麼，哪怕你不承認

■ 潛意識不遺忘，它只是等待你看見

我們常以為，只要把某些感受壓下去、不去想、不去提，它們就不會存在。但潛意識並不會因為你的「遺忘」而消失。事實上，那些你越想壓住的情緒與經歷，越容易在夢中以誇張、變形甚至荒誕的方式浮現。

夢知道你藏了什麼，不是因為夢有神祕力量，而是因為夢是潛意識編織的劇場——它會替你把壓抑的記憶、被拒絕的情緒、尚未處理的創傷演出來。即使你醒來時否認它，那個夢依然是你的內在對你說話。

376

第四節　夢知道你藏了什麼，哪怕你不承認

夢是一種心理補償：它替你說你不願承認的話

瑞士心理學家榮格（Carl Jung）認為夢有「補償」功能，也就是說，當你的意識偏向某一極端時，夢會表現另一個極端，以求達到心理平衡。

例如：

◆ 白天表現得很堅強，夢中就可能流淚不止；
◆ 現實中極度理性，夢中可能出現強烈的情感爆發；
◆ 表面上樂觀進取，夢中卻反覆經歷失敗與放棄。

這些夢不是來否定你，而是來提醒你：有一部分的你，被你忘記了。

夢中的「陌生場景」藏著熟悉的故事

有時候你夢見自己身處一個「完全沒見過的地方」，但感覺卻無比熟悉，像是童年某個模糊場景的變形，或曾經受傷的記憶場景的再構建。

這些陌生場景，往往是你大腦用象徵語言重新包裝後的記憶：

◆ 一間你從未去過的房子，可能象徵你內心的某個「被封存的區域」；
◆ 一段不合理的追逐戰，可能象徵你正在逃避某個記憶或未完成的情緒。

第九章　夢的鏡子：從夢境看見真正的自己

夢知道你不想直接面對，它就用模糊化、轉化的方式，讓你間接接觸那個部分。你以為自己只是「亂夢一通」，但實際上是潛意識溫柔而堅定地說：「你該回來看看這裡了。」

重複出現的夢，是心理的敲門聲

若你常做相似的夢，例如：

◆ 一直夢見自己無法抵達目的地
◆ 反覆夢見被困住、掉下來、被追殺
◆ 一直夢見某個你早已不聯絡的人

這類夢並不是偶然。它們是潛意識在敲門，要你注意一件「還沒解決的事」。你可能以為自己已經「釋懷了」、「不在意了」、「放下了」，但夢會證明：你只是暫時壓住，沒有真正整合。夢提醒你⋯內在的結沒解開，它就會一次次找上你。

夢會說真話，即使你不願聽

夢中常出現的情節有時會讓人不安，甚至羞愧，例如⋯

◆ 出現侵犯性的行為

378

■ 第四節　夢知道你藏了什麼，哪怕你不承認

◆ 出現與現實道德衝突的選擇
◆ 出現渴望或情慾的象徵

這些內容不代表你是壞人，而是夢在呈現你尚未整合的心理能量。它們是「你」，但不是全部的你。你不需要責備自己做了這種夢，而應該問：「為什麼我會夢到這樣的情節？它反映了我哪些未被承認的內在部分？」

當你願意誠實地與夢對話，你就會發現，那些你以為不屬於自己的念頭與情緒，其實一直在你心裡，只是從未被允許說出來。

■ 夢不是審判，而是邀請你重新看自己

夢境從來不要求你改變什麼，也不強迫你面對什麼，它只是邀請你重新看見那個不完整的自己。

當你夢見恐懼，它不是在責怪你懦弱，而是在讓你理解：你其實有勇氣，只是那份勇氣被壓在過去的經驗裡。

夢不是審判你的工具，而是一種邀請——它說：「如果你有空，能不能坐下來，好好聽我說一次那段你從未聽完的故事？」

這種邀請不必馬上回應，你可以慢慢來，只要你願意聽，它就會一點一滴告訴你那些你不敢承認卻一直存在的真相。

379

第九章　夢的鏡子：從夢境看見真正的自己

夢知道的，不是未來，而是你過去沒說完的故事

你可能無法控制夢，但你可以選擇是否理解它。你可能會忘記夢的細節，但它留下的情緒與訊號會持續影響你的日常感受。

夢不在指引你要做什麼，而是在回放你還沒整理完的心理片段。它知道你藏了什麼，哪怕你不承認；它願意為你演一場戲，只為了你在醒來後能更靠近真實的自己。

夢，是一份沉默的陪伴，也是一種勇敢的提醒。當你願意面對它，你就開始學會面對自己。

第五節　當你開始讀懂夢，也開始更了解自己

■ 解夢，不是解釋夢，而是理解自己

很多人一開始學解夢，會問：「這個夢到底代表什麼？」但更深的問題應該是：「這個夢讓我感覺什麼？我對這個夢的感受，揭示了我什麼樣的狀態？」夢境之所以重要，不在於它本身的內容，而在於你和它之間的關係。你開始閱讀夢，其實就是開始閱讀自己。

380

■ 第五節　當你開始讀懂夢，也開始更了解自己

夢的語言，是你的內在語言

夢是一面鏡子，不管裡面映出的是怪異、恐懼、混亂還是喜悅，都是你心裡某個面向的投射。當你認真對待夢境，不再急著找「答案」，你會慢慢發現：那個真正需要你回頭理解的，不是夢，而是夢背後那個正在經歷情緒、正在找方向的你自己。

夢境裡的語言很特別，它不總是用句子或對話，而是用場景、象徵、情緒、反覆的事件來「說話」。當你開始試圖解讀這些元素，等於你正在嘗試與自己的潛意識建立連結。

舉例來說：

◆ 夢見反覆打不通電話，可能是內在連結失效的象徵——你和自己或和他人的情感連結出了問題。

◆ 夢見一個不斷消失的出口，可能反映你在生活中感到無助與無解。

◆ 夢中與小時候的自己對話，或許暗示著你某段童年經驗還沒被理解與釋懷。

夢用這些語言對你說：「我還在這裡。你忘了我，但我還記得你。」

第九章　夢的鏡子：從夢境看見真正的自己

■ 夢境會幫你「做心理整理」

當你開始讀懂夢，你會發現夢其實是一種「心理整理術」。它幫助你把日間無法消化的感受、無意識的衝突、未察覺的需求，用戲劇性或象徵性的方式再現出來。

這種整理有時很隱晦、有時很直接，但無論如何，只要你開始回顧與思索夢的內容，你就等於是在梳理自己的內在結構。夢不會給你整理好的報告，它給你的是一份線索，需要你親自去觸摸、辨認、感受。

■ 夢境揭露你最真實的情緒輪廓

你以為自己很堅強，夢卻讓你哭得停不下來；你以為自己不在乎，夢卻讓你在崩塌的場景裡逃跑不止。夢告訴你：情緒不會因為你否認而消失。

解讀夢，最直接的方式就是問：「這個夢讓我覺得怎樣？」情緒是夢語的核心密碼。如果你願意承認夢裡的那些情緒，其實你已經開始更靠近真實的自己了。

■ 解夢是一場自我覺察的練習

每一次你記下夢境、嘗試理解其中的象徵或情節，你都在做一件事：看見你自己。你在練習⋯

382

■ 第五節　當你開始讀懂夢，也開始更了解自己

■ 從讀夢，到讀自己

當你能夠從夢中看到自己的需求、渴望、恐懼與期待時，你就不再是那個只能被命運推著走的人。你會開始在生活中更有自覺：

◆ 為什麼我總是重複某些關係？
◆ 為什麼我會一直迴避某些情境？
◆ 為什麼我無法停止焦慮或過度努力？

夢讓你更早看見這些問題，也讓你用比較溫柔的方式，對自己說：「原來我一直這樣想，只是我沒說出來。」

◆ 接納自己內在的衝突與模糊
◆ 聆聽潛意識的語言與訊號
◆ 與自己的情緒建立真實對話

這些練習，會讓你不再害怕不確定，也更願意與內在各種聲音共處。你會發現，夢並不是神祕的，而是你心裡那個「說不出口的自己」終於有了一個舞臺。

383

第九章　夢的鏡子：從夢境看見真正的自己

■ 夢是潛意識對你發出的理解邀請

你不需要成為解夢專家，也不需要一次就看懂夢的全部意義。你只需要願意與夢相遇，並在醒來之後多問自己一句：「我有沒有忽略了什麼感覺？」

當你願意理解夢，你其實已經開始理解自己。夢不是為了解釋人生的謎，而是為了幫你在混亂中找到與內在對話的方式。

夢是潛意識寫給你的信，而你，正是那個唯一能懂這封信的人。

第六節　解夢不是神祕，是理解自己的工具

■ 夢，不屬於神祕學，而屬於人性觀察

坊間對夢的誤解很多，最常見的一種就是把夢當成神祕力量的通道，或是命運的暗號。有些人迷信夢象的預兆功能，把夢視為預知未來的符號系統。也有些人把解夢等同於占卜，以為「夢見蛇就是小人」、「夢見水就是財」這樣的對照表能精準說明命運走向。

384

第六節　解夢不是神祕，是理解自己的工具

事實上，夢不是神祕工具，而是一種心理現象。它不是給你答案的通靈儀式，而是提供你反思契機的情緒語言。夢的確無法被完全科學化、量化，但這並不意味著它等同於靈異現象；它是潛意識的語言，是情緒與記憶的演練場，更是你用來「認識自己」的工具。

夢的象徵不是神諭，而是心理語彙

夢中的場景、角色、物件，都是內在心理狀態的外顯轉譯。你夢見自己飛起來，不是因為你要升天，而可能是你最近渴望自由；你夢見牙齒掉落，不是因為你會喪親，而可能是因為你最近感到無能為力或身分變化。

這些象徵不是預言，而是「你如何感受你正在經歷的生活」。換句話說，夢象並沒有放諸四海皆準的解釋，它要依賴你的文化脈絡、生命經歷、當下情境去詮釋。這不是神祕的密碼，而是你的心理語彙。

解夢是心理學早就探討的主題

從佛洛伊德（Sigmund Freud）開始，心理學就將夢視為探索潛意識的重要工具。佛洛伊德認為夢是「被壓抑欲望的偽裝實現」，而榮格（Carl Jung）進一步發展出「集體無意識」與「夢的原型象徵」。

現代夢研究則強調夢對情緒整合、記憶重組與創造性思考的功能。

第九章 夢的鏡子：從夢境看見真正的自己

夢的解讀，是自我認識的一面鏡子

你夢見的每一場劇情，不是別人強加於你的啟示，而是你自己心靈的折射。當你試圖理解夢，你是在進行一次內在探索。

你可以從以下問題開始：

◆ 這個夢讓我感受到什麼情緒？
◆ 這些情緒最近出現在我的生活中嗎？
◆ 我為什麼會在夢中做出這個選擇？
◆ 夢中的那個「他／她」是我內在哪個部分的投射？

解夢不是為了找「對的答案」，而是為了打開更多「我沒想到的可能性」。你對夢的每一種詮釋，都是你與自己對話的嘗試。

這些研究告訴我們：夢不是神祕力量，而是神經與情感交織的心理現象。夢中的劇情，是大腦用來幫你演練、釋放、整合生活經驗的方式。

386

第六節　解夢不是神祕，是理解自己的工具

不要迷信夢，也不要忽略夢

夢既不是靈界留言，也不是腦袋放空的垃圾資料。它是一種介於「情緒整合」與「心理投射」之間的過渡地帶。你不需要把夢當成未來的命令，但也不要全然忽視它。

夢境反映的，往往是你當下的內在處境。它可能幫你更早發現焦慮的來源、潛藏的渴望、未說出口的哀傷。

真正的解夢，是一種生活態度

當你願意每天花幾分鐘回顧夢境、記錄夢中的情緒與主題，你會發現自己更敏銳、更有覺察力。你不再是日復一日忙碌生活的過客，而是開始關心內在正在發生什麼。

真正的解夢，是在學習：

◆ 如何照顧情緒
◆ 如何面對內在衝突
◆ 如何為自己創造心靈空間

它不是神祕學，而是一種生活態度──願意傾聽自己、對自己誠實、給自己時間消化人生。

387

第九章　夢的鏡子：從夢境看見真正的自己

解夢，不是神祕技術，是自我理解的練習法

夢不是迷信，也不是心理魔術，而是一個極具價值的反思工具。它幫助我們看見那些我們白天來不及處理的情緒、壓力與渴望。

你不需要「會解夢」，你只需要「敢看夢」。

解夢真正的力量，不在於找到神祕答案，而在於你從那場夢中，看見了什麼樣的自己。

第七節　每一場夢，都是內在的導航訊號

夢，不是迷霧，而是你心中正在閃爍的方向燈

有些人說夢境混亂、難懂、不合理，彷彿它只是夜間腦袋的殘響。但對那些願意細細觀察夢的人來說，每一場夢其實都像是潛意識點亮的一盞微光，它可能不是指南針，不會告訴你確切的東西南北，但它始終在閃爍，為你照出自己真正在意、正在經歷、尚未察覺的情緒與關卡。

388

第七節　每一場夢，都是內在的導航訊號

夢境不是迷霧，而是一張未被註記的地圖。它沒有清晰路徑，卻藏著你當下最需要面對的議題。學會閱讀夢境，其實就是學會聽內心在說什麼，也是一種鍛鍊自我導航能力的方法。

夢境的訊號來自哪裡？

夢的訊號來自大腦的多重整合區域，它融合了白天的記憶殘留、深層的情緒處理、以及未被釋放的心理緊張。這些成分混合在一起，就構成了夢境的語言。

但更重要的是，這些夢並不是「亂湊出來的畫面」，而是一種有方向性的心理呈現。你會夢見「跑步卻跑不動」，可能是生活中某種卡關的隱喻；你夢見「被迫搬家卻找不到東西」，可能反映你目前對於角色轉變的不安與混亂。

夢境不是直白的指示，但它總會指向一個你該留意的內在方向。

夢提示了哪些「即將浮現」的心理動態？

夢往往提前顯現你還沒察覺的變化。你可能還以為自己過得很好，但夢中卻開始出現焦慮、混亂、追逐、逃亡，這不是預言未來，而是提示你：某些情緒已經悄悄累積到一定強度。

例如：

◆ 經常夢見被責備，可能是你內在對自我要求過高而產生的罪疚感；

第九章　夢的鏡子：從夢境看見真正的自己

夢境中的重複主題，是你「內在導航」的聲音

有一種夢，總是在不經意中重複出現——類似的場景、同樣的結尾、相似的困境。這些重複不是巧合，而是潛意識用「強調」的方式說：「這是你人生目前最重要的一個節點。」

像是：

◆ 每次要搭車總是錯過時間，是你在對自己的行動遲疑發出警訊；

◆ 老是夢見換場景卻找不到出口，是你面對選擇焦慮的投射；

◆ 夢見水災或大雨，是你情緒過載的象徵語言。

這些重複的夢訊號，是內在對自己的「導航提醒」：該做些調整了、該慢下來了、該處理那個一直拖延的情緒了。

◆ 夢見重考、重做、重來，可能是你對當下選擇仍有懷疑；

◆ 夢見已故親人，可能是你面對某段失落情感未竟的整合過程。

夢不是提醒你做什麼，而是在說：「這裡，有你還沒看見的訊息。」

390

■ 第七節　每一場夢，都是內在的導航訊號

■ 夢境可以成為「決策前的預演場」

夢不只是反映過去與當下，它也提供一個沒有現實成本的心理預演空間。在夢中，我們可以：

◆ 模擬極端情境來檢驗內在資源是否足夠
◆ 以誇張形式經歷恐懼，釋放焦慮
◆ 嘗試不同的行動選擇（如拒絕、反擊、離開）
◆ 前演練可能會遇見的挑戰與選擇

這些模擬不是虛構，而是心理對即將面對議題的前期調整。你夢見要在一群人前演講，可能暗示你心裡已經開始為未來某場表達做準備。

這也是夢被稱為「心理導航系統」的原因之一：它提供我們一個相對安全的心理沙盤，讓我們提前演練可能會遇見的挑戰與選擇。

■ 從夢的細節，看清自己的內在方位

夢不會給你具體的「應該怎麼做」，但它總會留下某些細節來引導你感受。例如：

◆ 一盞燈閃爍：提醒你有個議題尚未被點亮
◆ 一扇門關閉：象徵你正與某段關係或階段告別
◆ 一段永遠走不到終點的路：你可能在現實中設下了過高目標

第九章　夢的鏡子：從夢境看見真正的自己

這些細節，不需要你去查對照表，它們的意義，就藏在你對它的感覺裡。你覺得什麼？它讓你想起什麼？它像不像你正在經歷的某段關係或狀態？

夢的訊號藏在這些主觀的連結裡，只要你肯問、肯看，它就會帶你走出混亂，走向自己該前往的地方。

■ 夢不是導航儀器，而是你的內在方向感

你不需要把夢當成命運的指令，而應該把它視為自己內在方向感的訊號系統。它不是GPS，但它會提醒你：「你在偏航」、「你該轉彎」、「你還沒出發」。

每一場夢都不是浪費的，它都記錄了你心裡的路線圖。當你開始留意夢中的訊息，你也開始更誠實地面對自己的處境。

夢的意義從來不是來自它的神祕性，而是它作為一面情緒雷達，幫助你在生活的迷霧裡，不至於迷失太久。它不會告訴你該往哪裡走，但會讓你知道：你已經走了多遠，又該往哪裡回頭看。

392

第八節　夢，是我們白天不敢說的真話

夢是無聲的告白，是潛意識的吶喊

白天，我們說話、表現、互動，但常常忽略了那個最不敢開口的自己。面對他人，我們包裝情緒、選擇語句、壓抑衝動；面對自己，我們更習慣沉默。夢，就是那個在你沉睡後替你說出「白天不敢說出口的真話」的聲音。

它不透過邏輯、語法或理性對話表達，而是用象徵、情緒與劇情，讓你「不小心」吐露了真正的心聲。你夢見流淚，可能是你白天一直在忍耐；你夢見自己無法發聲，或許是現實中你始終沒勇氣表達；你夢見重複犯錯，是你面對選擇的焦慮正在堆積。

夢不撒謊，它只是說出了你白天壓下的那些話。

夢是你最真誠的內在報告

夢境中，你不再受現實人際規則束縛，也不需要為他人形象負責。你可以逃跑、抗議、憤怒、狂喜、懊悔，甚至做出你白天絕對不會做的事。

第九章　夢的鏡子：從夢境看見真正的自己

這些行為不代表你的人格缺陷，而是反映了你壓抑的心理能量。

- 夢中咆哮，是你長久壓抑情緒的出口；
- 夢中犯錯，是你對自己苛責情緒的折射；
- 夢中飛翔，是你渴望自由與解脫的願望。

每一個夢境情節，其實都是你心裡某段話語的轉譯版本。夢不是預言書，是真話的翻譯機。

■ 我們為什麼在白天說不出口？

現實生活中，我們常受限於以下幾種心理模式，導致「真話無法被說出口」：

- ◆ 社會角色壓力：身為父母、主管、學生，我們總想符合外界期待。
- ◆ 自我審查機制：怕說錯話、怕被誤解、怕被責怪。
- ◆ 文化內化壓抑：不該生氣、不該怨恨、不該嫉妒、不該軟弱。

這些壓力讓我們學會沉默，但夢境卻從不壓抑。它不計形象、不講邏輯，只管誠實說出你的心。

394

第八節　夢，是我們白天不敢說的真話

夢中的衝突，其實是在幫你說話

夢境的劇情常常看似荒謬或暴烈，但它其實是你潛意識「在幫你講話」：

◆ 被困住→你渴望掙脫現狀
◆ 找不到出口→你在掙扎於選擇與定位
◆ 被盯視或忽略→你在意他人怎麼看你，也許太在意了

夢中的痛苦、對抗、混亂，並不是要讓你不安，而是要幫你揭露「你有多想說出口卻沒說的感受」。

夢境是一場自白劇，也是一場心靈排毒

從心理功能上來看，夢是一種「心理釋壓的過程」。大腦透過夢境重組日間經驗，釋放情緒能量。也就是說，夢在幫你說出口的同時，也在替你消化那些沒說完的情緒。

你不用害怕夢中的激烈內容，那些戲劇張力其實正是在幫你清理情緒廢氣。

◆ 把無法說出口的怨氣說出來
◆ 把說了會後悔的話轉成象徵

第九章　夢的鏡子：從夢境看見真正的自己

◆ 把壓下去的需求以變形方式表達

夢境不是詛咒，而是清理與轉化的現場。

■ 當你願意聽夢說的真話，你就更靠近自己

夢不會主動解釋自己，它等你來問。只要你願意停下來，問一句：「這個夢是不是在講某種我不敢承認的感覺？」那麼你就正在打開與自己最誠實的對話。

夢是你寫的劇本、你演的角色，也是你最想說卻無法說的那一段獨白。聽夢說話，就是聽你自己說話。

你會發現，許多人生難題並不需要他人給答案，只要你願意好好問問自己：「我到底在怕什麼？」「我到底想要什麼？」夢會用它的方式回答你。

■ 夢，是你壓抑情緒的說話方式

我們都曾經在白天說不出口，對人、對自己、對現實。但夢從不逃避，它在你睡著之後替你說出來──以誇張的方式、以象徵的情節、以不合理卻精準的情緒，告訴你「你還活著、你還有感覺、你還有想說的事」。

夢，不是為了預測明天，而是為了讓你聽見今天那句最重要的真話。

396

結語 當我們開始讀夢，就開始認識自己

◎夢，是我們與自己對話的第一語言

從最古老的《周公解夢》，到佛洛伊德的潛意識理論，再到現代心理學對夢的腦神經功能解釋，我們一次次試圖問夢：「你到底想告訴我什麼？」事實上，夢從不隱瞞，它只是說話的方式與清醒時不同。

它不透過語言，而透過象徵；不講邏輯，而直指情緒；不預言未來，而反映你此刻的狀態。夢讓我們看見自己在白天無法坦然面對的面向，並用一種溫柔卻深刻的方式，邀請我們探索內心世界中未被命名的感受。

當你願意閱讀夢，你就願意面對自己不願碰觸的部分——渴望、恐懼、矛盾、未解的記憶。夢讓我們成為自己情緒的翻譯者、記憶的修復者、潛意識的閱讀者。

◎夢的功能，不只是想像，而是心理整合

在這本書裡，我們一一探討夢的功能：

◆ 它協助釋放情緒，減輕日間累積的壓力；

◆ 它預演未來，提供沒有成本的心理模擬場域；

結語　當我們開始讀夢，就開始認識自己

◆ 它整理記憶，幫助我們重構人生敘事；

◆ 它促進自我對話，讓我們重新接觸壓抑的內在聲音；

◆ 它喚醒創造力，成為藝術、音樂、寫作與科學靈感的源泉。

愛因斯坦曾形容，夢境是他在探索時間與空間理論時的重要觸媒。這提醒我們：夢，不只是心理現象，更是潛意識與創造力合作的橋梁。

這些過程都不是神祕，而是心理運作最自然的節奏。夢不是一個要被破解的謎語，而是一個邀請──邀請你進入自己的內在空間，聆聽那個一直在等你回答的自己。

◎ 解夢，不是照表索驥，而是一場深刻對話

我們不是為了找到唯一正確答案而解夢，而是為了看見夢背後真正打動自己的部分。夢中沒有標準解，只要你願意問：「這個夢讓我想起什麼？我對它的感覺是什麼？這個角色像不像我？」──你就已經開始對話了。

每個夢都是你自己導演的一齣戲，裡面的角色、場景、情節，全都圍繞著你現在最需要明白的心理訊息。夢是你遺忘的語言、壓抑的願望、被藏起來的真心。當你願意用開放的態度聆聽這些訊息，你會發現夢根本不是「難以理解的幻象」，而是誠實、堅定、溫柔的引導者。

◎ 真正會解夢的人，是敢誠實看自己的人

夢，是你心裡寫給自己的信，不是給別人看懂的。你無需查閱所有符號，也不需要背誦各類對照

398

◎讓夢成為你日常的心理導航

夢不是夜晚的雜訊，而是生命的暗號。願你在未來每一次醒來時，不再將夢忘記，而是輕輕記下它、思索它、對話它。讓夢成為你生命中的線索、療癒的工具、與內在更深的連結。

你可以開始一個「夢日記」習慣，每天早晨記下你記得的片段，哪怕只是模糊的畫面、一句話或一種難以形容的情緒。你可以試著和信任的人討論夢境，也可以靜靜坐下來，在紙上寫出夢中的感覺與回憶。夢的語言雖不直接，但只要你願意開啟對話，它終究會帶你找到答案。

我們每天都會睡覺，但不是每個人都願意聽見夢。當你學會聽夢，你也將學會聽自己。當你學會讀夢，你也將學會如何為自己的情緒、記憶、創傷與渴望命名。

夢永遠在你身邊——陪你說出沒說完的話、演出你壓抑的情緒、提醒你還有一條路。那條路不在任何地圖上，但它存在於每一個你深夜醒來仍記得的夢中。

讓我們不再忽視這些潛意識寫給我們的信。打開它、閱讀它、回應它。因為當你真正願意聽夢說話的那一刻，你也正跨出了理解自己的第一步。

表；你只需要給自己一點時間，一點空間，問出那句話：「為什麼我會夢見這個？」當你這麼問時，夢就會從沉默中站起來，告訴你：「因為我一直想讓你看見你真正的樣子。」這份對話不是外力強加，也不是占卜式的解釋，而是一場關於勇氣的過程——願不願意真實地面對自己，願不願意相信，夢也許早就知道你正在掙扎的事。

399

夢知道你沒說出口的情緒：
從夢境解讀心事、壓力與潛意識的私密訊息

作　　　者：	許庭恩
發 行 人：	黃振庭
出 版 者：	策點文化事業有限公司
發 行 者：	策點文化事業有限公司
E - m a i l：	sonbookservice@gmail.com
粉 絲 頁：	https://www.facebook.com/sonbookss
網　　　址：	https://sonbook.net/
地　　　址：	台北市中正區重慶南路一段 61 號 8 樓
電　　　話：	(02)2370-3310
傳　　　真：	(02)2388-1990
印　　　刷：	京峯數位服務有限公司
律 師 顧 問：	廣華律師事務所 張珮琦律師
經　銷　商：	知遠文化事業有限公司
地　　　址：	新北市深坑區北深路三段 155 巷 25 號 5 樓
電　　　話：	02-2664-8800
傳　　　真：	02-2664-8801
香 港 經 銷：	豐達出版發行有限公司
地　　　址：	香港柴灣永泰道 70 號柴灣工業城第 2 期 1805 室
電　　　話：	(852)21726533
傳　　　真：	(852)21724355
定　　　價：	480 元
發 行 日 期：	2025 年 08 月第一版

國家圖書館出版品預行編目資料

夢知道你沒說出口的情緒：從夢境解讀心事、壓力與潛意識的私密訊息 / 許庭恩 著 . -- 第一版 . -- 臺北市 : 策點文化事業有限公司 , 2025.08
面；　公分
ISBN 978-626-99845-2-7(平裝)
1.CST: 夢 2.CST: 解夢 3.CST: 精神分析
175.1　　　　　114010731

-版 權 聲 明
本書作者使用 AI 協作，若有其他相關權利及授權需求請與本公司聯繫。
未經書面許可，不可複製、發行。